法天下学术文库

药品缺陷责任强制保险制度之构建

C ONSTRUCTION OF COMPULSORY INSURANCE SYSTEM FOR
DRUG DEFECT LIABILITY

张祖阳 著

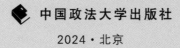 中国政法大学出版社

2024·北京

图书在版编目（CIP）数据

药品缺陷责任强制保险制度之构建/张祖阳著. —北京：中国政法大学出版社，2024.2
ISBN 978-7-5764-1072-3

Ⅰ.①药… Ⅱ.①张… Ⅲ.①药品－缺陷－责任保险－保险制度－研究－中国
Ⅳ.①D922.284.4

中国国家版本馆 CIP 数据核字(2023)第 215824 号

出 版 者　中国政法大学出版社

地　　址　北京市海淀区西土城路 25 号

邮寄地址　北京 100088 信箱 8034 分箱　邮编 100088

网　　址　http://www.cuplpress.com (网络实名：中国政法大学出版社)

电　　话　010-58908586(编辑部) 58908334(邮购部)

编辑邮箱　zhengfadch@126.com

承　　印　固安华明印业有限公司

开　　本　720mm×960mm　1/16

印　　张　10.25

字　　数　200 千字

版　　次　2024 年 2 月第 1 版

印　　次　2024 年 2 月第 1 次印刷

定　　价　49.00 元

▲ 前　言

药品损害的救济既是关乎民生大计的重要议题，也是困扰理论界的难点问题。从保险法的视角讨论药品损害的救济须以药品缺陷责任的可保性为前提，基于保险原理及法价值衡量，药品缺陷责任具有可保性。责任保险的实施以民法规则为基础，民法上药品缺陷的认定难、药品缺陷与损害间因果关系的认定难均对药品缺陷责任的可保性构成影响。我国民法上并未就药品损害的民事救济专门立法，主要的规则散见于《民法典》及《产品质量法》等相关法律法规的产品责任制度中。梳理现有的产品责任制度，基于药品以及药品侵权的特殊性，应以不合理危险为中心来构建药品缺陷的认定标准；以相当因果关系与疫学因果关系相结合来认定药品侵权责任中的因果关系。

比较法上，药品损害救济的理念大体上经历了从责任承担到风险分担的转变，而风险分担的具体方式又有所不同，代表性的方式主要有美国的产品责任制度、德国的药品责任强制保险、瑞典的药品保险模式等。在美国法上，主要依据产品责任制度救济药品损害，美国产品责任的归责理念经历了从过失责任到担保责任再到严格责任的发展过程。德国的药品损害救济制度以充分保护受害人权益为指导理念，较为彻底地贯彻了从责任承担到损害填补的转变，并在专门的药品管理法中明确规定药品责任强制保险。瑞典的药品损害救济方式主要是药品保险制度，该制度以瑞典完善的社会保障体系和健全的不良反应监测体系为依托，具有鲜明的高福利国家特色。

当前我国药品损害救济体系存在多方面不足，主要表现为相关立法重管理轻救济、药品侵权监测体系低效、药品缺陷界定标准不合理等，论证药品损害救济的应然模式也应以上述现状为基础。比较分析瑞典的药品保险与德国的药品责任强制保险模式，不同于瑞典的国情，我国的社会保障基础以及较为低效的药品侵权监测体系均不足以支撑瑞典式的药品保险制度构建。与此同时，德国的药品责任强制保险不以高福利的社会保障为基础，而以严格的归责原则为特色，不允许药品生产者以发展缺陷作为抗辩，更适应我国国情。比较分析药品责任保险"任意"与"强制"模式，强制责任保险作为法律强制缔结的保险合同关系，保险合同当事人的利益应当服从于社会总利益，旨在填补受害第三人的损失，维护整个社会的公平和安全，在药品损害救济上具有优越性。

潜伏性是药品损害的特殊属性，而潜伏性意味着长尾风险的存在。在保险合同中，长尾风险的存在意味着受害人损害的发生、受害人或者被保险人的索赔、保险事故的认定这三者在时间上无法遵循既往的保险事故发生与索赔的规律，因此保险人也无法准确估计风险发生的可能性及其概率。长尾风险既给保险人的稳健经营和风险管控带来不确定性，也增加了受害人的索赔难度。保险法尤其是保险合同法的商法属性要求强制责任保险的立法应当寻求商法与消费者法的平衡，因此，如何合理构建长尾风险的索赔与理赔规则也显得尤为重要。在药品缺陷损害中，风险和责任的长尾性表现得尤为明显，药品缺陷本身具有隐蔽性，从服用药品到药品消极作用的发生再到损害的显现，这一过程更具潜伏性，因此，药品损害保险事故的认定方式应为期内发生式，药品损害的致害因素起作用的时间必须是在保险期限内，而发病时间则可以是在保险期限以外。

以牺牲合同当事人的契约自由为代价，强制责任保险的目的在于对受害第三人的救济，具体规则的构建须以落实上述目的为基本导向。为此，应赋予第三人完整的直接请求权。一般认为，我国相关立法并未真正赋予强制责任保险中第三人的直接请求权。首先，《保险法》限制了第三人的直接请求权，根据《保险法》第65条的规定，第三人行使直接请求权有两个前提条件：一为被保险人对第三者应负的赔偿责任须确定，二为被保险人怠于请求。上述条件的限制与第三人直接请求权所要达到的及时救济受害人之目的存在冲突。其次,《机动车交通事故责任强制保险条例》关于第三人直接请求权的立场较为模糊,该条例第28条规定:"被保险机动车发生道路交通事故的,由被保险人向保险公司申请赔偿保险金。……"第31条规定:"保险公司可以向被保险人赔偿保险金,也可以直接向受害人赔偿保险金。……"根据上述规定,受害人能否得到及时赔付取决于保险人的意愿,且法律并不强制保险人直接向受害第三人赔付。实务中虽多有法官援引该条例认定第三人有直接向保险人请求赔付的权利,但从条文本身来看,核心要旨是保险人拥有选择赔付对象的权利,而非赋予第三人直接请求权。在药品缺陷责任强制保险的构建中,应当赋予第三人以完整的直接请求权。其一,基于并存债务承担理论,责任保险合同可视为债务承担合同,保险人作为债务承担人加入被保险人与受害第三人的侵权债务关系当中,符合既有的私法理论。其二,虽然保险合同系由保险人与被保险人订立,但被保险人因侵权而产生的对受害第三人的赔偿责任是责任保险的保险标的,也是制度构建的核心要素。基于此,第三人的直接请求权符合责任保险的立法目的,且独立于保险人与被保险人的合同关系。其三,为充分保护受害第三人,赋予其直接请求权是保险发达国家责任保险立法的典型做法,并取得了良好的效果。在药害事故中,赋予受害人直接请求权,有助于受害人得到及时充分的救济,尤其在药品缺陷导致了大规模侵权,受害人众多之时;同时,受害人享有直接请求权也能避免药品企业陷入繁杂的侵权赔偿中,维持或尽快恢复生产经营,有利于进一步推进药品行业的整体发展。

　　囿于保险制度和保险技术之局限性,强制责任保险亦存在无法填补受害人损害的情形,因此,为使受害人获得更加全面的保障,在实施药品缺陷责任强制保险的基础上,我国还应设置药品缺陷损害补偿基金。对于药品生产者而言,强制责任保险的实施可以在一定程度上分散药害事件所产生的风险,也在一定程度上使其面临了经营风险。各国的补偿基金制度实践证明,基金救济模式有利于社会长远之利益。从债权债务的角度来看,由法律将药品损害补偿基金机构创设为药品损害侵权人和药品缺陷责任强制保险人之外的其他债权人，在受害人无法获得其他途径的救济时，向补偿基金机构课以补偿义务来满足受害人之损害赔偿请求权。基金的资金筹集既包括内部来源也包括外部来源，所谓内部来源，是基于危险创设与分担的原则，由药品缺陷责任强制保险中的责任主体承担；外部来源则是基于公平原则，由除责任主体以外的其他相关主体承担。作为药品缺陷责任强制保险的补充，该基金的补偿遵循补充性原则和从属性原则。补充性原则主要是指在药品缺陷责任受害人能通过保险人、侵权人或其他途径获得赔偿的情形下，则在已获赔偿或补偿的范围内，免除补偿基金的补偿义务。从属性原则主要是指补偿金额的补偿范围以法定范围为限，并可适用免责抗辩、过失相抵以及损益相抵等规则。

■ 目 录

绪　论

————————————————— //// —————————————————

一、问题的提出

相对于其他类型的侵权责任，产品责任有其特殊性，其中又以药品责任更为特殊。药品具有正反两面的作用，既有针对疾病或者人体生理功能的积极作用，又有对人体产生伤害的消极作用。药品的毒副作用在其流入市场当时可能为人所知，亦可能囿于当时的科技水平而根本不为人所知。药品领域的多重信息不对称易造成市场失灵，民法上的产品责任不足以满足救济药品损害的需求，自愿责任保险同样表现出自身的局限性，而强制保险与药品责任制度中的无过错责任具有内在一致性，强制干预与药品侵权高效率的救济要求也是契合的。

遗憾的是，从学术层面看，药品责任保险作为责任保险的一个分支，并未得到学术界充分的重视，到目前为止，以药品责任保险为主题的专著不多，有关药品责任保险研究的学术论文也少之又少，更遑论针对药品责任强制保险[1]的专门性研究。目前已有的相关研究也呈现不足：其一，多重视药品责任的承担，而轻视药品风险的分担；其二，多关注民法、行政法领域的规则，而缺乏保险法角度的思考；其三，多从产品责任的共性探讨相关规则，而缺乏对药品特性及类型的结合。保险是现代社会有效的

———————————

〔1〕 "药品责任强制保险" 这一概念多用于比较法层面相关理论研究。

风险分担方式，为更有效的救济药品损害、合理分配药品毒副作用的风险，保险法角度的专门性讨论，自属必要。

为此，本书试图以救济模式的选择、具体构建中的重难点问题为导向，系统研究药品缺陷责任强制保险制度的建构。首先，立足民法上的药品责任规则，分析民法上药品缺陷责任规则的完善对于提高药品缺陷风险可保性的意义；其次，梳理并分析比较法上药品损害救济理念的变迁，论证强制责任保险[1]方式在救济药品损害上的该当性；最后，以长尾风险的索赔理赔、第三人直接请求权的赋予、药品损害补偿基金的补充功能为重点，研究药品缺陷责任保险制度的具体构建。

二、研究的目的和意义

(一) 理论意义

第一，就理论探讨层面而言，长期以来，我国针对药品责任保险制度的理论研究和实践总结都稍显单薄；即便是就强制责任保险制度本身的研究，也多是保险学领域的，而少有以法学的视角对其理论基础、立法原理和价值取向等方面的研究；在少量的法学领域关于药品责任的研究中，也多是就民事责任的认定而言，缺乏药品责任保险的专门性分析。而本书则试图以分析药品损害救济的理念转向为基础，论证药品缺陷责任强制保险模式的必要性和可行性，并就药品缺陷责任强制保险构建中的重难点问题进行具体分析。

第二，就制度建构层面而言，本书既有理论层面的探讨，也有制度建构层面的分析。就药品缺陷责任强制保险制度的建构而言，本书基于药品的特色，提出了可能面临的三个挑战，即药品缺陷责任的可保性、药品长尾风险的索赔与理赔、保护受害第三人之立法目的的落实，并以上述三个

---

[1] 在既往理论研究中，宏观层面多使用"强制责任保险"一词，而在微观层面研究具体保险制度时则多用"责任强制保险"，如某产品责任强制保险，某疫苗责任强制保险等。本书遵从以上惯例，下不赘述。

可能面临的挑战为视角，对药品缺陷责任强制保险制度构建中的重点问题进行分析。

（二）现实意义

第一，健全药品缺陷责任保险制度，维护社会公平。药品质量问题屡见不鲜，在药品侵权的应对上，生产者、销售者、消费者和政府往往多败俱伤。就世界范围而言，不论是过去、现在还是未来，都不可能有绝对安全的药品，这使得人们对药品责任保险的需求越来越大。构建药品责任强制保险制度，对大力发展整个产品责任保险，健全我国产品责任保险体系具有十分重要的意义，在此基础上，也能进一步发挥该制度在保障社会公共安全、维护社会公平等方面的积极作用，这也符合贯彻落实科学发展观，推进和谐社会建设的根本要求。

第二，提高保险制度对新产品所引发风险的分担能力。保险立法应当既尊重传统又勇于创新，既恪守基本法理又能够有效调整现实法律行为。新科技、新产品往往由于应用上经验的欠缺，在初始阶段存在的问题和缺陷较多，总是要经历一个从事故频发到稳定的过程。产品责任保险所能实现的保障功能，有助于提高企业开发新产品、研究新方法的积极性，也可以提高个人、企业和政府应对新产品风险的能力。例如，当前新药的研发总能为人类治愈疾病或缓解病痛带来新的希望，但也给病人带来了新的潜在风险。总体而言，药品属于科技含量高且潜在风险高的产品类型，在未知或者未全知的风险面前，自愿商业保险市场极易失灵，社会保险缺乏现实的经济承受能力，而强制责任保险有其特殊功能，药品责任强制保险的体系性研究，有利于提高整个社会对新药品所引发风险的分担能力。

三、相关研究成果综述

（一）国内研究现状综述

总体而言，理论界少有对药品责任强制保险制度的体系性研究，现以具体问题为切入点简要述评如下：

1. 关于强制责任保险与民法的关系

在制度的演进中，责任保险与民法尤其是侵权法一直处于相互影响、相互促进的关系中，特别是强制责任保险制度的勃兴，与侵权法立法理念的流变息息相关。

王泽鉴先生总结，现代社会损害事故呈现出四个基本特点：一是造成损害事故的活动大多是为适应经济发展的必要合法活动；二是事故导致的灾害异常巨大、受害者众多；三是事故发生的频率较高；四是事故发生多为高度工业技术缺陷的结果，难以防范。加害人是否有过错，受害人难以证明。在此背景下，侵权法上的无过错责任逐渐发展并得到扩张。[1]有学者将侵权法与责任保险的关系总结如下：①现代风险社会侵权责任的加重，促进了责任保险制度的发展；②责任保险制度与无过错责任原则互相促进；③责任保险制度起到了弥补侵权行为法的缺陷和不足的作用；④责任保险扩大了侵权责任的范围和领域。[2]樊启荣教授也指出，民事责任制度的变革，目的无不在于解决受害人的赔偿问题。但是，民事责任在解决受害人的赔偿问题方面存在固有缺陷，这说明仅靠民事责任制度内的变革，已无法适应保障受害人利益发展的需要，必须寻求体制外的因素。[3]

在侵权法上，无过错责任是指不论行为人对于损害的发生有无过错，只要其行为侵害了他人的民事权益，造成了损害，就要承担侵权赔偿责任，适用无过错责任侵权行为的归责事由包括危险与控制力。[4]然而侵权法存在固有危机，其根源在于自身效率低下，不能充分发挥补偿和救济的功能，面临部分领地被其他制度占领的危险，为了弥补这一缺陷，现代侵权法理念经历了从矫正正义到分配正义的转变，突出反映在无过错责任的产生与发展。强制责任保险的发展以无过错责任为基础，是一种善意的强

---

〔1〕 参见王泽鉴：《民法学说与判例研究》，北京大学出版社 2015 年版。

〔2〕 肖刚："论责任保险与侵权行为法的关系"，载《华东政法学院学报》2003 年第 4 期。

〔3〕 樊启荣编著：《责任保险与索赔理赔》，人民法院出版社 2002 年版，第 27 页。

〔4〕 参见程啸：《侵权责任法》，法律出版社 2021 年版，第 123 页。

制，[1]既依赖于侵权法，又能弥补侵权法补偿和救济功能的不足，契合现代侵权法的正义与人文关怀价值理念。因此，从立法目的上看，无过错责任与强制责任保险具有内在的一致性，二者都是法律基于公共利益的特别考量。法律常针对无过错责任规定强制责任保险，例如我国的机动车交通事故责任强制保险、环境污染强制责任保险。

2. 关于药品缺陷的认定

根据我国《产品质量法》[2]第 46 条对产品缺陷的规定，认定产品是否存在缺陷有两个层次的标准：第一层次是相关的国家标准和行业标准，如果具备标准，则优先适用相关标准；第二层次是"不合理危险"标准，在不具备相关国家和行业标准的情形下，适用"不合理危险"标准。相比我国的具体与抽象结合的双层次认定标准，在比较法上，对产品缺陷的规定大多采用不合理危险或不符合合理期待等抽象标准。例如，《德国产品责任法》第 3 条规定："如果一个产品不能提供人们合理期待的安全，则该产品具有缺陷。"《英国消费者保护法》第 3 条第 1 款规定："如果产品不具有人们有权期待的安全性，则该产品存在缺陷。"《美国第二次侵权法重述》以不合理危险标准认定缺陷，并指出"超出了购买该产品的普通消费者的预期"的危险是不合理的危险。

以具体的国家、行业标准作为认定缺陷的第一层次标准，在一定程度上降低了缺陷认定的难度，但是具体运用到药品缺陷的认定上，还存在诸多疑问。作为产品的一种类型，当前对药品缺陷的认定也遵循上述双层次标准。然而，潜在的危险性是药品的固有属性，即便是符合国家标准、行业标准的上市药品亦如此，符合标准的药品不等于是不存在不合理危险的药品。此外，由于药品在上市之前，必须经过行业标准、国家标准的检验，换言之，上市药品一般都符合国家标准或者行业标准，在某种程度

---

[1] 参见孙笑侠、郭春镇："法律父爱主义在中国的适用"，载《中国社会科学》2006 年第 1 期。

[2] 《产品质量法》，即《中华人民共和国产品质量法》。为论述方便，本书所涉及所有中华人民共和国的法律、法规、规章名称全部省略"中华人民共和国"字样，全书统一，下不赘述。

上，在药品领域适用行业标准、国家标准来认定缺陷，事实上是架空了不合理危险标准的。这样可能导致的后果是，不管一种药品造成多么严重的损害，它都有可能被认定为不存在缺陷。因此，认定药品是否存在缺陷能否适用上述一般产品缺陷的规则，还需进一步思考。

3. 关于药品责任强制保险制度的构建

理论界虽少有针对药品责任强制保险的专门性研究，但药品损害救济的相关研究也还是有迹可循，包括药品不良反应的救济制度[1]、药品损害补偿制度[2]、疫苗不良反应的赔偿或补偿制度等相关制度的构建研究[3]；也有对德国强制保险制度[4]、瑞典药品事故集团保险制度[5]、美国疫苗损害补偿计划[6]等比较法上药品损害救济制度的研究。

在现代风险社会，强制责任保险的扩张是保险的发展趋势之一，药品责任强制保险只是产品责任强制保险体系的其中一环。在法经济学的立场上，政府应当保持必要的谦抑性，实施强制责任保险的前提是任意责任保险的市场失灵，市场失灵主要表现为信息不对称、外部性等引起的资源配置无效率或者不公平。[7]作为市场交易主体，生产者本身之行为并不能避免外部负效应，故而当市场存在失灵或者失灵的潜在风险时，可由政府这只"有形的手"通过矫正手段实现风险的合理分担及公共利益的最大化。从过去的经验来看，药品缺陷极易演化为"大规模侵权"。[8]"大规模侵

---

〔1〕 参见焦艳玲：《药品不良反应法律救济制度研究》，知识产权出版社 2011 年版。

〔2〕 参见焦艳玲：《药品侵权问题研究》，法律出版社 2020 年版。

〔3〕 参见赖红梅：《医疗损害法律问题研究》，法律出版社 2014 年版。

〔4〕 参见郭峰等：《强制保险立法研究》，人民法院出版社 2009 年版。

〔5〕 参见王瑛：《我国药品不良反应损害救济制度的构建》，法律出版社 2020 年版。

〔6〕 参见王宝敏主编：《保险法评论》，南京大学出版社 2020 年版。

〔7〕 参见〔美〕埃米特·J. 沃恩、特丽莎·M. 沃恩：《危险原理与保险》，中国人民大学出版社 2002 年版，第 100 页。

〔8〕 "大规模侵权"一词，源于对美国法上"Mass Tort"的翻译，它不属于固定的法律概念，故其内涵与外延具有不确定性。根据美国《布莱克法律词典》的解释，"大规模侵权"是指致使许多人遭受损害的民事不法行为。参见熊进光：《大规模侵权损害救济论——公共政策的视角》，江西人民出版社 2013 年版，第 40 页。

权"具有受害范围广的特点，一方面，潜在的大规模赔偿责任将会给药品开发和推广带来巨大压力；另一方面，若大规模伤害真实发生，则可能导致药品经营企业陷入经营困难，大量受害人将无法获得及时有效的救济。在这样的情况下，责任保险可以发挥其救济受害人的功能，同时以自愿为基础的商业责任保险不能满足有效救济受害人的政策需求。通过法律或行政法规的明确规定，药品责任强制保险能够使受害人及时得到赔偿，避免出现致害人因各种原因无法赔偿而给政府带来沉重负担，广大受害者成为事故成本最大承担者的情形。

4. 关于第三人直接请求权

受害第三人的直接请求权问题是责任保险尤其是强制责任保险中不容忽视的问题。在责任保险中，订立保险合同的是保险人和投保人，合同当事人则是保险人和被保险人，也就是说，保险人和受害第三人并无直接的合同关系，因此，若是赋予受害第三人对保险人的直接请求权，则将突破合同的相对性。如何在既有理论的基础上合理化解释这种对合同相对性的突破，理论界存在不同看法。

利第三人契约理论认为责任保险合同本质上是一种利他性质的合同，受害第三人就是通过责任保险受利的第三人。有学者总结，责任保险合同中的双方当事人有成立利第三人合同的意思表示，即便没有明确的意思表示，从保护受害人的角度，法律规定也隐含着该种拟制。[1]基于并存的债务承担理论，在责任保险合同中，合同当事人是保险人和被保险人，二者存在合同债务关系，保险人因与被保险人的合同约定而加入受害第三人与被保险人的侵权债务关系中，由被保险人和保险人共同负担对受害第三人的损害赔偿之债。根据上述理论，责任保险实质上是被保险人和保险人约定共同承担债务的合同，结合双方的保险关系，被保险人和保险人共同向受害第三人承担不真正连带责任，被保险人承担债务后可向保险人进行追偿。日本学者将并存的债务承担总结为"第三人加入债务关系成为债务

---

[1]　冯德淦："论责任保险中受害人直接请求权的构建"，载《法治社会》2021年第5期，第49页。

人，原债务人在不免除债务下，两人并存负担同一内容的债务"。[1]德国法上也以该理论为基础来构建第三人直接请求权。基于并存的债务承担理论，保险人作为债务人也可以对第三人行使被保险人对第三人的抗辩权，包括侵权损害责任不成立、受害人故意等。在意识到利第三人契约理论和并存的债务承担理论存在解释困难之后，理论界又提出法律特别规定理论来说明受害人直接请求权的正当性。法律特别规定理论从法价值和法政策角度出发，跳脱出私法理论的基础框架，认为责任保险尤其是强制责任保险就是以保护受害人为目的的制度，因而制度的设计也应围绕这一政策性目的，特别规定责任保险中的受害第三人享有直接请求权。诚如学者所总结"直接请求权是法律之特别规定，与民事侵权行为以及保险契约脱钩"。[2]

(二) 国外研究现状综述

1. 关于产品缺陷责任的认定

在比较法上，关于产品缺陷的认定标准存在多种理论。消费者合理期待标准，指的是判断产品是否存在缺陷，核心是该产品符不符合消费者对其安全性的合理期待。消费者合理期待标准包括了两方面的"合理"，一是该期待来自理性的消费者，二是理性的消费者所产生的具有合理性的期待。很多国家和地区都采用了消费者合理期待标准作为认定药品是否存在缺陷的标准，该标准最早来源于 20 世纪 60 年代美国法院的判决。随着产品的丰富和产品设计难度的提高，有学者指出，在产品存在设计缺陷时，适用消费者合理期待标准存在疑问，因为普通的消费者无法对产品的专业设计形成有效的期待。[3]例如，对于某一口服药品而言，如果它的外观存在吞咽困难或风险，很显然不符合消费者对口服药品安全性能的预期；但

---

[1] [日] 我妻荣：《我妻荣民法讲义Ⅳ：新订债权总论》，王燚译，中国法制出版社 2008 年版，第 505 页。

[2] 施文森、林建智：《强制汽车保险》，元照出版公司 2009 年版，第 148 页。

[3] David G. Owen, John E. Montgomery & Mary J. Davis, *Product Liability Law*, Foundation Press, 2010, pp. 248~249.

对于该药品的具体成分，消费者难以形成较为具象的预期，导致消费者合理预期标准的可操作性不强。

风险收益标准，是借用经济学的方法，通过衡量产品的收益和可能的风险来认定该项产品是否具有缺陷。可能的情形包括：如果一项产品可能带来的风险大于其创造的收益，那么它具有缺陷；如果改善某项产品的安全性所耗费的成本小于它可能带来的损失，那么该项产品具有缺陷。有学者总结，从风险与收益的关系角度来评价产品是否存在缺陷，有宏观和微观两种方法。[1]宏观方法是将产品的整体风险和收益进行比较，来确定某项特定产品是否存在缺陷。[2]微观方法则是以涉及的具体产品为考察对象，通过比较受害人主张的预防措施或替代方案所花费的成本，与采取预防措施和替代方案后产品产生的安全效益，来认定该产品是否存在缺陷。[3]《美国第三次侵权法重述》主张从微观角度来定义设计缺陷，根据第2条b款的规定，设计缺陷是指存在合理的替代设计而这种设计并没有被采用，合理的替代设计本质上体现的是风险收益标准的要求。在德国法上，《德国民法典》以产品安全义务为基础来规范生产者对产品的责任。德国理论认为，民法上的一般注意义务在产品责任制度中表现为产品安全义务，具体包括对产品安全设计、安全制造、指示说明、跟踪观察四方面的义务。[4]法官在实务中判断生产者是否尽到合理的产品安全义务时，其中一个考量因素便是生产者是否尽到使用更合理的替代设计的义务。

2. 关于药品损害救济制度

比较法上，药品损害救济的相关理念大体上经历了从责任承担到风险分担的转变，而风险分担的具体方式又有所不同，代表性的方式主要有美国的产品责任制度、德国的药品责任强制保险、瑞典的药品事故集团保险模式等。在美国法上，主要依据产品责任制度救济药品损害，而美国产品

〔1〕 参见焦艳玲：《药品侵权问题研究》，法律出版社 2020 年版，第 98 页。

〔2〕 参见焦艳玲：《药品侵权问题研究》，法律出版社 2020 年版，第 98 页。

〔3〕 参见冉克平：《产品责任理论与判例研究》，北京大学出版社 2014 年版，第 103 页。

〔4〕 参见李昊：《交易安全义务论——德国侵权行为法结构变迁的一种解读》，北京大学出版社 2008 年版，第 484 页。

责任的归责理念也经历了过失责任到担保责任再到严格责任的发展过程，严格责任之下，又发展出市场份额责任的认定方式。德国的药品损害救济制度以充分保护受害人权益为指导理念，较为彻底地贯彻了从责任承担到风险分担的转变，并在药品管理法中明确规定药品责任强制保险。瑞典的药品损害救济方式是药品事故集团保险制度。在瑞典，伴随着侵权法的衰落，责任保险日益勃兴，完善的社会保障体系和健全的药品不良反应监测机制是瑞典药品事故集团保险制度的实施基础。对上述三种模式的分析，可以为我国药品损害救济制度的完善提供思路。

3. 关于长尾责任的保险

相对突发性药品损害，潜伏期较长的药品损害往往因其具有的长期潜伏性而使得风险具有长尾效应，同时也可能会因为因果关系和损失范围更难确立等原因而具有相对更高的不确定性，这种不确定性增加了保险人预估风险、制定费率等事项的难度。正是因为这种不确定性，相较于其他本就难以操作的责任保险，妥当地处理药品缺陷长尾风险的理赔和索赔显得尤为重要。这一点我们可以从保险市场较为发达的美国寻找经验，美国保险法市场对于长尾风险的承保态度，也经历了比较明显的变化。

首先是以"意外事故"为导向的短期风险承保阶段。20世纪50年代，美国的一些保险人主张，保险合同系为承保"意外事故"所导致的损害而构建，而"意外事故"指的是持续时间短的事件。换言之，这一阶段的保险只为短期风险承保，因此，在这一解释规则之下，即使接触药品导致的疾病或损害是意外发生的，但如果在很久之后才显现，那损害也并非"意外事故"导致的，不属于保险人理赔的范围。在以"意外事故"为导向的短期风险承保阶段后，长尾责任保险产生了一场意义重大的保险"危机"，美国19个州一起针对保险业提起反垄断诉讼，指控涉及长尾责任保险的阴谋，一路打到最高法院，并产生了管理保险业合作制定标准形式保险单的开创性规则；法院不仅创造了一个全新的保险法理论体系，而且还创造了新的概念，如保险的"触发"和保险责任在多个触发保单之间的"分配"。总体来说，由于长尾责任的特殊性，保险法理论、实践和保险市场都经历了重要的变化。20 世纪 50 年代末，不同于美国保险人对"意外事故"概念的解释和运用，伦敦的保险人开始以"损害事故"为核心解释保险事故，其所承保的风险不仅包括意外事故所导致的、也包括长期风险所导致的损害，这种保险正是被保险人所需要和期待的。

第一章

药品缺陷责任保险构建之前提：
以可保性为核心

////

第一节　药品损害的类型化分析

药品与人类的生命、健康息息相关，与药品的治愈功能相对的是它们的致害可能，因此，各个国家和地区普遍重视药品管理与药品损害救济的相关立法。关于药品的概念，世界卫生组织将药品定义为："药品是治疗、缓解、预防、诊断人和动物的疾病、身体异常或症状，或者恢复、矫正、改变人或动物的器官功能的单一物质或者混合物。"世界卫生组织对药品的定义较广，包括人和动物的用药。与此不同的是，《欧盟关于人用药品的指令》的解释将药品限于人类用药，将药品定义为用于诊断、治疗人类疾病，恢复或影响人体生理功能的物质或物质的组合，包括专利药、仿制药、免疫系统药、放射性药、血液及血浆制品、顺势疗法药品。[1]我国《药品管理法》第2条的规定，药品是指用于预防、治疗、诊断人的疾病，有目的地调节人的生理机能并规定有适应症或者功能主治、用法和用量的物质，包括中药、化学药和生物制品等。可以看到，国内外对药品的定义，都肯定了药品的积极作用，但忽视了药品潜在的危害性。药品的作用具有两面性：一方面，在正确的使用下，药品具有积极的有效作用；另一

---

〔1〕　参见刘红宁、田侃主编：《药事管理学》，中国中医药出版社2015年版，第2页。

方面，药品在不同程度上，具有消极的毒副作用。具体而言，药品的消极作用，具有很大的不确定性，它可能对人体产生较大的危害，也可能产生轻微的影响；可能对部分人群产生危害，对其他人群无明显影响；它可能为人所知并被标注于不良反应事项中，也可能不为人所知。正是因为药品的消极作用存在很大的不确定性，所以须从法律的角度重视药品损害救济制度的构建。相比其他法律法规侧重的管理与规制，保险法从一开始承担的就是损害救济与风险分担功能。药品损害风险主要包括药品缺陷损害和药品不良反应，而构建药品损害责任保险，须从相关风险的可保性谈起。

一、药品缺陷损害

（一）药品缺陷的定义

根据我国《产品质量法》第 46 条对产品缺陷的规定，认定产品是否存在缺陷有两个层次的标准：第一层次是相关的国家标准和行业标准，如果具备标准，则优先适用相关标准；第二层次是"不合理危险"标准，在不具备相关国家和行业标准的情形下，适用"不合理危险"标准。相比我国的具体与抽象结合的双层次认定标准，在比较法上，对产品缺陷的规定大多采用不合理危险或不符合合理期待等抽象标准。例如，《德国产品责任法》第 3 条规定："如果一个产品不能提供人们合理期待的安全，则该产品具有缺陷。"《英国消费者保护法》第 3 条第 1 款规定："如果产品不具有人们有权期待的安全性，则该产品存在缺陷。"《美国第二次侵权法重述》以不合理危险标准认定缺陷，并指出不合理危险是指"超出了购买该产品的普通消费者的预期"。

以具体的国家、行业标准作为认定缺陷的第一层次标准，在一定程度上降低了缺陷认定的难度，但是具体运用到药品缺陷的认定上，还存在诸多疑问。作为产品的一种类型，当前对药品缺陷的认定也遵循上述双层次标准，然而，潜在的危险性是药品的固有属性，即便是符合国家标准、行业标准的上市药品亦如此，符合标准的药品不等于是不存在不合理危险的药品。此外，由于药品在上市之前，必须经过行业标准、国家标准的检验，换言之，上市药品一般都符合国家标准或者行业标准，在某种程度上，在药品领域适用行业标准、国家标准来认定缺陷，事实上是架空了不合理危险标准的。这样可能导致的后果是，不管一种药品造成多么严重的损害，它都有可能被认定为不存在缺陷。因此，认定药品是否存在缺陷能否适用上述一般产品缺陷的规则，还需进一步地思考。除此之外，若以不合理危险为标准来认定药品缺陷，则何种程度的危险属于不合理的？药品的不合理危险与药品不良反应如何进行区分？这都是探讨药品缺陷不能回避的议题。

（二）药品缺陷的分类

关于药品缺陷的分类，比较法上有三分法与四分法之别。如以《美国第三次侵权法重述》（产品责任）为代表的三分法，[1]将产品缺陷分为设计、制造和警示缺陷；而德国学者将产品缺陷概述为设计、制造、说明和研发缺陷，《德国药品法》第84条也采取了这种分类[2]。学者朱怀祖提出，根据药物与危险的产销管理流程，将药品缺陷分为设计、制造、说明与观察四种。[3]具体而言，药品的设计缺陷是指因设计环节存在问题而使药品具有的不合理危险，设计环节出现的问题包括药品配方不合理、配方

---

〔1〕　§2 Categories of Product Defect "A product is defective when, at the time of sale or distribution, it contains a manufacturing defect, is defective in design , or is defective because of inadequate instructions or warnings." Restatement of the Law , Third, Torts – Products Liability, softcover edition, p. 14, American Law Institute Publishers, 1998.

〔2〕　德国司法上适用侵权行为法一般条款作为产品责任依据时，认为生产者责任的原因在于违反了交往安全义务，交往安全义务通过产品缺陷予以具体化，即区分出设计、制造、产品说明和研发四种缺陷。参见［德］马克西米利安·福克斯：《侵权行为法》，齐晓琨译，法律出版社2006年版，第115页。日本司法上适用侵权行为法一般条款作为产品责任依据时，认为生产者责任的原因在于违反了注意义务，注意义务内容包括预见义务和结果回避义务，根据过失责任中违反注意义务的不同，分为制造缺陷（能预见但无法回避）、设计及警示缺陷（预见及回避均可能）和研发缺陷（预见及回避均不可能）。参见［日］植木哲："产品责任"，谢志宇译，载《环球法律评论》1992年第6期。

〔3〕　朱怀祖：《药物责任与消费者保护》，五南图书出版公司1997年版，第118页。

组成的结构不合理等。[1]药品的制造缺陷则是由制造环节的差错而使药品具有不合理危险，制造环节的差错包括原材料具有缺陷、药品成分纯度不达标等。药品的警示缺陷是指没有对药品的危险和使用给予必要的警告和指示而使药品具有的不合理危险。药品的观察缺陷是指在药品投入市场后，随着科学技术的发展，药品生产者没有尽到应有的注意义务，认识到已经投入市场的药品存在缺陷，或在认识到可能存在相关缺陷后，没有采取警示、召回等必要措施。例如我国《药品管理法》第80条规定，药品上市许可人有监测药品不良反应的义务。可以看到，从本质上来说，观察缺陷是对生产者没有尽到合理注意义务的否定性评价，而以注意义务的违反来认定行为人的过错，实际上遵循的是过错责任的归责原则，与设计、制造、警示缺陷遵循无过错责任原则存在不同。

可以看到，三分法与四分法同样关注药品的设计和制造缺陷。除此之外，三分法只关注了警示缺陷，该警示缺陷与四分法中的说明缺陷在本质上是相同的，不同的是四分法理论中不同的主张还关注了研发缺陷与观察缺陷。因此，争议就在于药品缺陷应不应当包括研发缺陷或者观察缺陷。三分法所关注的设计、制造、警示缺陷都要求在药品流通之前，基于当时的科学技术水平，药品生产者知道或者可得而知。也就是说，如果是在药品流通之后，基于发展风险抗辩，产生药品损害，就不会被认定为药品存在缺陷。三分法的局限性在于：其一，药品生产完成之后，在仓储、运输、销售等市场环节中，储存不当或运输不当行为都可能导致药品变质而产生缺陷，此种缺陷不能为三分法所解释。其二，在投入市场之前已经存在，但流通之后才认识到的缺陷，若完全不会被认定为缺陷，恐影响生产者主动发现、召回问题药品的积极性，此种流通之后才认识的缺陷也不能为三分法所解释。正是为克服三分法的上述不足，学理上才提出了药品缺陷的四分法。在四分法的不同表述中，研发缺陷仅能解释药品流通之后才发现的技术上的固有缺陷，而不能包括仓储、运输等行为所造成的新缺

---

〔1〕　参见张新宝：《侵权责任法原理》，中国人民大学出版社2005年版，第397页。

陷。因此宜采用观察缺陷的表述，并将其解释为包括在药品流通过程中所能发现的固有缺陷和新缺陷。值得注意的是，并非一旦药品流通之后发现了新缺陷，就会产生药品缺陷责任，是否构成缺陷责任，仍须借助药品缺陷的认定标准进一步分析。

二、药品不良反应

如前所述，以"不合理危险"标准来认定药品是否存在缺陷，还涉及药品的不合理危险和药品不良反应的区分。药品的不良反应有广义和狭义之分，广义的药品不良反应包括正常用药和非正常用药所引起的各种有害反应，而狭义的药品不良反应专指在正常用法用量下出现的与用药目的无关的有害反应。我国《药品管理法》《药品不良反应报告和监测管理办法》均是在狭义上使用药品不良反应的概念。根据我国法律的相关规定，狭义的药品不良反应有以下特点：其一，专指合格药品引起的不良后果；其二，限于正常用法用量下所产生的后果；其三，限于与用药目的无关的不良后果，而不包括与用药目的相关的可能损害；其四，药品不良反应的监测内容既包括已知的不良反应，也包括新的不良反应。据此，与用药目的相关的损害自不属于不合理的危险，记载于说明书中的、已知的、当前科技无法避免的药品不良反应也不属于不合理的危险。对于新的、未知的药品不良反应，则须区分其是否符合人们对药品安全的合理期待，所发生的危险是否完全背离了药品的正常性能。换言之，药品不良反应与药品不合理危险的区分，其核心仍在于是否符合人们对药品安全的合理期待，如果是不符合人们对药品安全合理期待的新的不良反应，那么其本质上仍属于药品缺陷的范畴。

需要说明的是，除了药品缺陷与药品不良反应，药品的损害也会涉及既往理论所探讨的产品瑕疵担保责任、产品质量责任等问题。产品瑕疵责任是一种合同法上的违约责任，而产品质量责任包括的外延则更加广泛，既包括产品质量违约和侵权的民事责任，也包括产品质量的行政责任和刑事责任等。本书所论述的药品缺陷责任是就因使用缺陷药品而产生的侵权损害赔偿责任而言的。

三、我国药品损害救济的现状及困境

（一）我国药品损害的现状分析

在过去，我国曾发生多起受害人数多、损害程度大的药品损害事件，其中典型的包括"鱼腥草"注射液不良反应事件、"龙胆泻肝丸"事件、"甲氨蝶呤"事件和"长春长生问题疫苗"事件。从 1988 年到 2006 年，各地发现并报告了两百多起"鱼腥草"注射液不良反应事件，其中不乏严重过敏引起的死亡案例，但直到 2006 年 6 月 1 日，相关部门才正式出台《关于暂停使用和审批鱼腥草注射液等 7 个注射液的通告》。该事件反映出的是我国对于中药注射液的技术标准不明、不良反应监测不到位、药品上市后再评价不足、药品损害救济缺位等多方面的问题。2003 年发生的"龙胆泻肝丸"事件，龙胆泻肝丸在古方中的成分包含"木通"，后国家标准使用"关木通"，由于关木通成分可致人肾脏受损，相关生产者按国家标准制造的龙胆泻肝丸引起多名用药者的严重损害，但在相关的诉讼中，由于该药符合国家标准，因此很难认定为具有缺陷，受害人获赔十分艰难。发生在 2007 年的"甲氨蝶呤"事件，起因是工作人员的操作不当，部分批号药品中混入了微量硫酸长春新碱，引起注射该批号药品的患者出现下肢瘫痪、失去自主活动能力甚至死亡等严重损害后果，受害者高达 278 例。虽然后续该药品的生产企业对相关的受害者进行了一次性赔付，但由于受害者众多，对很多受害者及其家庭来说，该次赔付的金额并不足以弥补他们的损害以及支付后续的相关费用。2018 年 7 月，长春长生生物科技公司被认定为存在严重违法行为，包括编造生产记录和产品检验记录，随意变更工艺参数和设备，使用不同批次原液勾兑进行产品分装，对原液勾兑后进行二次浓缩和纯化处理等。该公司的违法行为所涉的缺陷疫苗，涉及几十万名儿童，引起各界对疫苗的强烈关注，也引发了公众对疫苗安全的强

烈担忧。

自"长生疫苗"事件以来，药品安全问题引起了各界更多的关注和担忧。以药品不良反应事件的发生为例，根据我国药品监督管理局2022年3月30日发布的《国家药品不良反应监测年度报告（2021年）》，2021年全国药品不良反应监测网络收到《药品不良反应/事件报告表》196.2万份，自1999年至2021年，累计的不良报告数是1883万份（图1-1）。

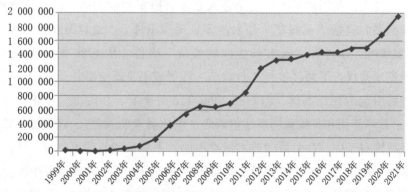

图1-1 1999—2021年全国药品不良反应/事件报告数量增长趋势[1]

其中，新的和严重药品不良反应/事件报告59.7万份，占同期报告总数的30.4%；严重药品不良反应/事件报告21.6万份，占同期报告总数的11.0%（图1-2）。可以看到，我国药品不良反应报告数量总体呈逐年上升趋势，这与持有人、经营企业、医疗机构报告药品不良反应的积极性提高有关，也与有关部门药品监管能力的提高有关。也不难看到，全国药品不良反应/事件报告的总数较高，新的和严重药品不良反应/事件报告的比例也较高，药品安全问题依然令人担忧。具体的涉及药品类别和给药途径统计可见图1-3和图1-4。

---

〔1〕 数据来自我国药品监督管理局2022年3月30日发布的《国家药品不良反应监测年度报告（2021年）》。

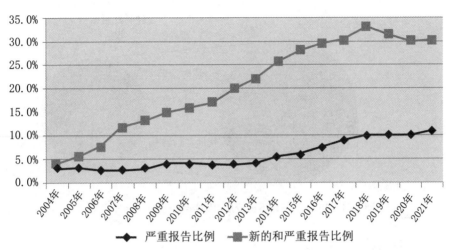

图 1-2　2004—2021 年新的和严重以及严重药品不良反应/事件报告比例〔1〕

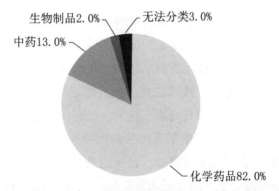

图 1-3　2021 年药品不良反应/事件报告涉及药品类别〔2〕

---

〔1〕　数据来自我国药品监督管理局 2022 年 3 月 30 日发布的《国家药品不良反应监测年度报告（2021 年）》。

〔2〕　数据来自我国药品监督管理局 2022 年 3 月 30 日发布的《国家药品不良反应监测年度报告（2021 年）》。

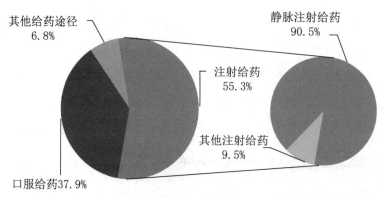

图 1-4　2021 年药品不良反应/事件报告涉及给药途径〔1〕

（二）药品损害救济的困境分析

1. 相关立法"重管理轻救济"

依照传统的药品责任民事侵权救济程序，诉讼过程复杂漫长，药品缺陷证明难度高，受害人胜诉难度大。即使胜诉，受害人也还不一定能得到及时的执行。但在民事侵权救济程序之外，我国针对药品管理和药品损害救济的现行立法大多为行政法律法规，相关规定体现出"重管理轻救济"的倾向。自"长生疫苗"事件之后，这种情况有所改善，2019 年 6 月，全国人大常委会正式通过了《中华人民共和国疫苗管理法》，在此法规的基础上，国家药监局会同国家卫健委、银保监会在 2020 年 10 月组织起草了《疫苗责任强制保险管理办法（征求意见稿）》，以期在行政、民事法律法规的基础上，通过强制责任保险的方式更加及时有效的救济疫苗损害。遗憾的是，经过两年多的时间，还未迎来该管理办法正式通过的消息，但在药品损害救济方面通过保险机制来分担风险的思路是值得肯定的。

2. 药品侵权监测体系未充分发挥应有的监督作用

我国于 1998 年正式加入 WHO 国际药品监测合作计划，1999 年正式开启了药品不良反应的监测工作。然而，目前为止，我国的药品不良反应监

---

〔1〕 数据来自我国药品监督管理局 2022 年 3 月 30 日发布的《国家药品不良反应监测年度报告（2021 年）》。

测体系仍未能发挥应有的监督作用，具体而言表现在：其一，药品不良反应报告主体构成不合理。持有人、经营企业和医疗机构是药品不良反应报告的责任单位，根据我国药品监督管理局 2022 年 3 月 30 日发布的《国家药品不良反应监测年度报告（2021 年）》统计，2021 年来自医疗机构的报告占 86.3%；来自经营企业的报告占 9.4%；来自持有人的报告占 4.1%；来自个人及其他报告者的报告占 0.2%。药品的持有人和药品经营企业报告比例过低，能够反映出来持有人和经营企业在自检自查方面做得远远不够，这也从侧面说明目前的药品不良反应监测机制未能有效地督促药品持有人和经营企业主动监控药品不良反应。其二，药品不良反应报告后的相应处理措施不到位。例如，在"鱼腥草"注射液不良反应事件中，从 1988 年到 2006 年，各地发现并报告了两百多起"鱼腥草"注射液不良反应事件，其中不乏严重过敏引起的死亡案例，但直到 2006 年 6 月 1 日，相关部门才正式出台《关于暂停使用和审批鱼腥草注射液等 7 个注射液的通告》。

3. 药品缺陷界定标准不合理

如前所述，我国没有针对药品单独规定缺陷的认定标准，相关标准均参照《民法典》《产品质量法》等法律法规中关于产品缺陷的规定。然而，产品责任的缺陷认定规则忽视了药品的特殊性，致使药品损害的受害人因难以举证药品存在缺陷而无法获得救济，也不利于刺激药品生产者提高药品的安全性。具体而言，其一，现有的产品缺陷认定标准不宜适用于药品缺陷的认定。根据《产品质量法》第 46 条的规定，认定产品是否存在缺陷适用具体与抽象结合的双层次认定标准：第一层次是相关的国家标准和行业标准，如果具备标准，则优先适用相关标准；第二层次是"不合理危险"标准，在不具备相关国家和行业标准的情形下，适用"不合理危险"标准。以具体的国家、行业标准作为认定缺陷的第一层次标准，在一定程度上降低了缺陷认定的难度，但是具体运用到药品缺陷的认定上，还存在诸多疑问。作为产品的一种类型，当前对药品缺陷的认定也遵循上述双层次标准，然而，潜在的危险性是药品的固有属性，即便是符合国家标准、行业标准的上市药品亦如此，符合标准的药品不等于是不存在不合理危险的药品。此外，由于药品在上市之前必须经过行业标准、国家标准的检验，换言之，上市药品一般都符合国家标准或者行业标准，在某种程度上，在药品领域适用行业标准、国家标准来认定缺陷，事实上是架空了不合理危险标准的。这样可能导致的后果是，不管一种药品造成多么严重的损害，它都有可能被认定为不存在缺陷。为克服国家标准在药品缺陷认定上的局限性，《药品管理法》第 28 条还规定，经国务院药品监督管理部门核准的药品质量标准高于国家药品标准的，按照经核准的药品质量标准执行。问题在于，根据该条规定，若没有经国务院药品监督管理部门核准的药品质量标准，则仍然按照国家标准执行，依然没有解决前述困惑。其二，现有的产品缺陷认定标准，在产品的警示和观察缺陷问题上规范不足。在药品缺陷的认定上，以抽象的"不合理危险"标准为核心，该标准综合了风险的可预见性、危害后果的可避免性的要求，包括了消费者对产品安全的合理期待，也暗含了风险和收益的权衡，不论是设计和制造缺陷，还是警示和观察缺陷认定均可适用。

第二节　药品缺陷责任的可保性证成

有损害必有救济。当前，我国尚未建立起完善的药品损害救济制度，在药品的救济上仍存在不足：其一，多重视药品责任的承担，而轻视药品风险的分担；其二，多关注民法、行政法领域的规则，而缺乏保险法角度的思考。及时和有效是药品损害救济最为迫切的需求，而保险恰恰是现代社会有效的风险分担方式，因此，从保险法角度救济药品损害的专门性讨论，自属必要。而讨论一项损害能否通过保险机制进行救济，首先需要论证的就是该项损害是否具有可保性。如前节所述，药品损害可分为药品缺陷损害和药品不良反应，由于二者存在本质上的不同，是否均具有可保性还须进一步地论证。

一、保险原理视角的分析

可保性属于保险学和保险法学的基本概念，是判断某项风险是否能够为保险人所承保的理论标准。有学者总结，可保性是指某种或某类风险成为承保对象所必须满足的先决条件。[1]可保性包括理论可保性和实践可保性，实践可保性又被称为保险可得性，前者是指某项风险在理论上符合被承保的标准，后者则指保险人具备承保该项风险的意愿和能力。[2]

（一）药品缺陷责任可保的基本条件

一项风险是否具有理论上的可保性和实践上的可保性，有诸多影响因素。例如，有学者认为风险具有可保性的前提是风险的可能发生和无法预知；[3]有学者强调风险可保的前提是风险发生的可能性和不确定性；[4]有学者指出可保性的风险应当具有偶然性和意外性，且有一定造成可观损失的概率。[5]

具体而言，在理论可保性方面，其一，风险的发生应当具有偶发性。保险事故必须具备偶发性和不确定性，否则保险制度将无法发挥其危险分散的功能，进而无存在之必要。[6]药品不良反应虽然也在一定程度上具有偶发性，但本质上是具有确定性的，进一步说，药品不良反应是可以确定会在某些用药者身上发生的，虽然不能确定会在哪一特定用药者身上发生。反观药品缺陷损害，由于药品上市严格的准入条件，上市药品被期待不存在除不良反应以外的其他损害。从这个角度而言，药品缺陷损害具有

---

〔1〕　[德]格哈德·瓦格纳主编：《比较法视野下的侵权法与责任保险》，魏磊杰、王之洲、朱森译，中国法制出版社 2012 年版，第 403 页。

〔2〕　程玉："论生态环境损害的可保性问题——兼评《环境污染强制责任保险管理办法（征求意见稿）》"，载《保险研究》2018 年第 5 期，第 100 页。

〔3〕　江朝国：《保险法基础理论》，中国政法大学出版社 2002 年版，第 20~28 页。

〔4〕　温世扬主编：《保险法》，法律出版社 2016 年版，第 6~10 页。

〔5〕　魏华林、林宝清主编：《保险学》，高等教育出版社 2006 年版，第 21~22 页。

〔6〕　陈彩稚：《保险学》，三民书局 2012 年版，第 40 页。

明显的偶发性和不确定性。其二，风险可以被量化，保险人可以大致预测风险发生时实际的损失大小，并据此设定合适的保费。由于药品缺陷损害具有潜伏性，该项风险具有长尾性，保险人难以准确估计可能的损失大小。其三，风险实际发生的概率虽小，但一旦发生所造成的损害很大。一方面，药品不良反应和药品缺陷既可能造成较大的损害，也可能造成较小的损害；另一方面，药品不良反应实际发生的概率较大，而药品缺陷损害实际发生的概率较小。其四，风险具有大量性和同质性，这是保险业运营保险的市场基础。由于药品一旦上市流通，使用者必然众多，因此不管是药品不良反应还是药品缺陷损害，都符合大量同质性风险的要求。其五，风险是不可预知的。药品不良反应大多是上市前已知并在相关说明书中明确提示的，不属于不可预知的风险。部分不符合人们对药品安全合理期待的新的药品不良反应，则和药品缺陷一样，属于不可预知的风险。其六，风险可以归咎于民事赔偿责任。根据我国《保险法》第 65 条第 4 款的规定："责任保险是指以被保险人对第三者依法应负的赔偿责任为保险标的的保险。"换言之，根据我国《保险法》的规定，药品损害具有可保性的前提是被保险人就此损害应当负民事上的赔偿责任。在这一点上，药品缺陷责任显然属于民事损害赔偿责任，而若损害是药品不良反应引起的，则被保险人不存在民事上的损害赔偿责任。

可以看到，药品缺陷损害在理论上符合可保性的多数要素，只是由于药品长尾风险的存在，药品缺陷损害的实际损失难以估计，从而加大保费的设定难度。德国学者认为，在责任保险中影响风险可保性的因素并非（仅仅）是预计的损失程度，因为再保险、共同保险等机制使得损害数额不再是主要问题，而更常见的是特定风险的不确定性。[1]重大风险的可保性问题通常是指此类风险"难以预知"的特殊性质，而这种特性可能导致

---

〔1〕［德］格哈德·瓦格纳主编：《比较法视野下的侵权法与责任保险》，魏磊杰、王之洲、朱淼译，中国法制出版社 2012 年版，第 320 页。

保险人无法清楚判断风险程度并不愿承保。[1]随着社会的发展和保险理论的更新，一些传统的可保性条件正逐渐被弱化，更多过去认为不可保的风险，其可保性正在被理论界所热议，例如惩罚性赔偿的可保性、渐进性污染的可保性、生态修复责任的可保性、巨灾风险的可保性等。因此，药品不良反应并不符合可保性的条件，而药品缺陷损害的保费虽然设定难度较大，但并非不可克服，总体而言，符合保险理论中的可保性要求。

一项风险是否具有实践上的可保性，主要取决于保险人的承保意愿和能力，而保险人的意愿与承保是否能盈利密切相关，其能力则主要是指相关的融资实力。在实践中，保险人往往不会严格遵循风险的理论可保性而去逐项考量某风险是否可保，保险人更看重的是机会、市场份额、利润等因素，从而综合判断是否承保。特别的是，在强制责任保险中，考量一项风险是否可保的主体往往不是保险人自身，而是政策、法律的相关制定者。

（二）道德风险和逆向选择的克服

从保险原理角度分析，除了满足上述可保性的基本条件，某项或某类风险到真正被承保，还须通过保险机制在技术上的设计克服道德风险和逆向选择。道德风险是指当被保险人的责任通过保险转移之后，被保险人反而不再有完全暴露在风险下的那种谨慎。对于保险公司来说，问题在于，由于被保险人的行为有追溯性的改变，损害发生的概率开始上升，从而导致保费过低。如果这种道德风险不能得到适当的遏制，这种风险就确实变得不可保了。这样一来，不仅保险人与被保险人订立合同是危险的，而且从社会角度讲，所有的保险都对社会无益，因为保险的可获得性会增加事故的风险。正因如此，19世纪责任保险在许多西欧国家被禁止。如果保险人无法监督被保险人的行为（例如，由于信息不足）或出于某些原因不愿监督，则无法核实道德风险所产生的不可保性仍然存在。不幸的是，后者

---

〔1〕［德］格哈德·瓦格纳主编：《比较法视野下的侵权法与责任保险》，魏磊杰、王之洲、朱森译，中国法制出版社2012年版，第321页。

的例子相当多。有学者对比利时自由职业的责任保险进行了研究发现无论是在报告保险事件之前还是之后，几乎没有对好风险和坏风险进行任何区分。在医疗责任保险中，可能最终只有一种补救办法，即保险公司完全排除一个曾经提出过许多索赔要求的医生的索赔请求。比利时的保险公司认为他们很难检查自由职业从业者的行为，比如医生或律师。类似于医生或律师这类职业被认为是非常受人尊敬的，这意味着保险公司可能会对这类职业的投保人的信息核查不那么详细。在德国也存在类似的例子，由于德国的保费监管方式，每个保险公司都有义务计算利润率，这种有保障的利润空间，加上保险市场缺乏适当的竞争，导致保险公司不再有动力适当地检查与机动车保险方相关的道德风险，例如惩罚不良行为，奖励良好行为。这也可能导致一种不可克服的道德风险，当然从社会角度来看，它倾向于不可保险的方向。所以，德国保险市场的结构导致了比竞争更激烈、没有保费监管的可比国家（如英国）更高的道路死亡人数。

随着保险制度的发展，一些技术性的方案，例如弹性费率、风险保费、责任限额等在机动车交通事故、环境污染等领域的责任保险中发挥了重要作用，事实上已经在很大程度上实现了对道德风险和逆向选择的克服。我们对道德风险并非束手无策，随着时代的发展，保险业已经形成了能够克服道德风险不良影响的一整套机制。[1]因此，为了防止由于强制责任保险制度的存立而导致的侵权损害赔偿之抑制机能降低，需要通过保险合同之条款与被保险人负担之保险费间接对加害人的行为产生抑制机能，实际上是由强制责任保险发挥了本由侵权损害赔偿机制发挥的损害抑制机能。纵观世界各个国家或地区的强制责任保险立法例，法律允许保险人所采取的控制道德风险的主要措施为风险型保费或风险区分原则，即保险公司根据对投保人的风险评级收取不同的保费。[2]也就是说，保险人向被保

---

〔1〕 参见［荷］威廉·范博姆、米夏埃尔·富尔主编：《在私法体系与公法体系之间的赔偿转移》，黄本莲译，中国法制出版社2012年版，第121页。

〔2〕 参见［荷］威廉·范博姆、米夏埃尔·富尔主编：《在私法体系与公法体系之间的赔偿转移》，黄本莲译，中国法制出版社2012年版，第139页。

险人收取的保险费根据施害者的谨慎水平不同而不同，具有较高谨慎水平的被保险人缴纳的保费较低；而具有较低谨慎水平的被保险人缴纳的保费则较高。保险费按照谨慎水平予以确定，按照损害进行划分。不同谨慎水平的潜在施害者对应着不同的保险费，可以达到有效损害预防之效果。[1]在保险中，最完美的费率等级形式是"预先评级"，即保险费的多少取决于保险公司预先调查到的被保险人对损害发生所付出的谨慎支出。但面对无数的被保险人，保险公司预先调查被保险人的预防支出之成本过高或者根本不可能。于是保险业提出了次优解，可以采用补贴或者损害自由折扣的方式，通过对被保险人的"事后评级"来确定被保险人的风险等级。[2]除了费率评价方式外，保险人还可以在保险合同条款中约定保险金额的上限。于是在一个保险事故发生后，保险人赔偿的金额并不能覆盖所有的损失，但是被保险人承担余下之侵权责任依然可以起到控制被保险人道德风险之作用。[3]总之，通过如最高保险额或保费奖惩激励机制等保险技术，可以在一定程度上大大降低责任保险之弱点，所以在尽量不损害侵权责任法预防功能之外，可以大力发展责任保险。[4]例如，保险公司总是可以部分地让被保险人承担风险（例如，通过引入超额、免赔额或抵消额、设置保险范围的上限、限制承保的范围等），从遏制道德风险的角度来看，这些措施都将发挥有效作用。毕竟，这意味着被保险人本人始终处于风险之中，因此有采取预防行动的动机。再如，避免道德风险和逆向选择的最理想的方法，是通过修改保单条件来核实个人投保方的行为，并根据所涉个人构成的风险调整保费。在这种情况下，如果保单条件得到最佳调整，原则

---

〔1〕参见［德］汉斯-贝恩德·舍费尔、克劳斯·奥特：《民法的经济分析》，江清云、杜涛译，法律出版社2009年版，第204~205页。

〔2〕参见［德］汉斯-贝恩德·舍费尔、克劳斯·奥特：《民法的经济分析》，江清云、杜涛译，法律出版社2009年版，第207页。

〔3〕参见［德］格哈德·瓦格纳主编：《比较法视野下的侵权法与责任保险》，魏磊杰、王文洲、朱森译，中国法制出版社2012年版，第322页。

〔4〕［奥地利］海尔姆特·库齐奥：《侵权责任法的基本问题（第一卷）：德语国家的视角》，朱岩译，北京大学出版社2017年版，第59页。

上，被保险人将有与未投保时相同的动机采取预防措施。这意味着保险公司坚持必要的预防机制，例如通过保单条件避免事故。保险公司在此情形下很明显又再次扮演了极其重要的社会角色。此外，可以允许保险人对道德风险进行适当审查，因为如果有适当的区分，保费和保单条件将根据投保方构成的风险进行合理调整。因此，对具有不同道德风险程度的个体区别对待似乎是对道德风险的适当回应。

"逆向选择"在保险经济学上指的是个人的一种倾向，逆向选择现象是指保险人由于对被保险人个人所构成的风险没有充足的信息，因而无法在保费上做出适当的区分，造成风险小的被保险人须承担过于昂贵的保险费用，风险更大的被保险人却以同样的保费获得更多的赔付。信息的不对称正是引发逆向选择的主要原因。例如，由于保险公司根本无法识别，一个"好"的被保险人不能以较低的保费形式得到保险公司的激励，从长远来看，这将导致"好"的被保险人离开风险群体，这个过程不断重复，直到最终只剩下不良的被保险人。对逆向选择概念的研究最早起源于人寿保险，早期的人寿保险的保险人对被保险人的健康状况十分关注，保险人担心被保险人的寿命短于标准生命表中的预期寿命。[1]但事实上，逆向选择存在于所有险种之中，责任保险自不例外。

保险理论认为，风险分级和保险费分化是可以有效区分不同保险风险之大小的手段。[2]易言之，如果保险人能够准确地区分高风险的投保人和低风险的投保人，保险公司通过向风险程度不同的投保人收取不同的保险费，在保险公司信息充足的情况下，不同投保人支付的不同保费实际上反映出了其各自产生的风险不同，那么就能够较为容易地避免逆向选择的问题。[3]然而，保险理论的设想与保险市场上的实际情形往往存在出入，甚

---

〔1〕 参见〔挪威〕卡尔·H. 博尔奇：《保险经济学》，庹国柱等译，商务印书馆 1999 年版，第 432 页。

〔2〕 参见〔荷〕威廉·范博姆、米夏埃尔·富尔主编：《在私法体系与公法体系之间的赔偿转移》，黄本莲译，中国法制出版社 2012 年版，第 5 页。

〔3〕 参见〔荷〕威廉·范博姆、米夏埃尔·富尔主编：《在私法体系与公法体系之间的赔偿转移》，黄本莲译，中国法制出版社 2012 年版，第 124 页。

至事与愿违，究其缘由在于逆向选择的产生是基于保险公司的利益与潜在的被保险人的利益之矛盾冲突。[1]当投保人与保险公司订立保险合同时，低于平均风险比例的被保险人通常无法获得保险人的信任，而高于平均风险比例的投保人可以通过不主动告知与其风险相关的信息甚至有意无意地隐瞒信息，从而避免支付与其超过平均风险比例所对应的更高费用，因此最后形成了一个统一的费率，而不是针对不同风险程度的投保人采用分级保费。这个统一费率的保费对于那些低于平均风险比例的投保人而言过高，因而低风险的投保人认为保险费太贵且不值，使得低风险投保人不愿意去缔结保险，进而导致某种保险中的劣质风险过于集中，最终发展成为只有那些自认为一定会发生损害的人才会去投保。[2]

强制保险是避免逆向选择不利方面的有效对策。在强制保险制度中，所有的投保人都有分担保险的义务，低于平均风险比例的被保险人别无选择，必须加入共同风险池，从而起到防止私人保险市场失灵的作用。[3]进而言之，当保险公司没有针对不同风险程度的投保人采用分级保费的方式，而是对所有投保人采取统一费率的方式，因而导致低风险的投保人不愿意去缔结保险从而迫使低风险投保人离开保险领域，进而导致某种保险中的劣质风险过于集中，则该保险的平均保费将会上升到让人难以负担的程度，在保险费不断增加和被保险人的风险池不断萎缩的过程中，最终进入无法摆脱的恶性循环。所以，通过强制保险的强制性，迫使不同风险类型的潜在被保险人进入一个"共同风险池"，能够在不同投保人的高风险与低风险之间达到适当平衡，阻止逆向选择导致的保险制度分崩离析。[4]

---

〔1〕 参见［荷］威廉·范博姆、米夏埃尔·富尔主编：《在私法体系与公法体系之间的赔偿转移》，黄本莲译，中国法制出版社 2012 年版，第 124 页。

〔2〕 参见［德］汉斯 - 贝恩德·舍费尔、克劳斯·奥特：《民法的经济分析》，江清云、杜涛译，法律出版社 2009 年版，第 135 页。

〔3〕 参见［荷］威廉·范博姆、米夏埃尔·富尔主编：《在私法体系与公法体系之间的赔偿转移》，黄本莲译，中国法制出版社 2012 年版，第 138 页。

〔4〕 参见［英］安东尼·奥格斯：《规制：法律形式与经济学理论》，骆梅英译，中国人民大学出版社 2008 年版，第 50~51 页。

易言之，将低风险强制性地包含在一个"共同风险池"中可能有平衡制度的效果，甚至，如果一个"共同风险池"中的高风险数量相对较少而低风险的数量相对较多，一个保险产品甚至有可能在一个相当低的保险费程度之上运转。[1]综上所述，强制性保险可以弥补自愿保险市场自身运转所存在的不足，克服自愿保险市场的逆向选择等弊端。[2]

综上，道德风险和逆向选择虽然是影响风险可保的重要因素，但却都是可以通过技术方案避免的因素。因此，在设计药品缺陷责任强制保险的相关规则时，对保险技术方案的恰当运用是克服道德风险和逆向选择的有效措施。

二、法价值视角的分析

侵权法的立法理念经历了从责任承担到受害人损害填补的转变，在侵权法中，不论行为人是基于故意还是过失的主观心态造成了受害人的损害，其所要承担的法律后果是一致的。责任保险，作为以被保险人对第三人所应负的赔偿责任为保险标的的一种保险类型，自是以侵权法的价值理念为基础，以救济受害人为宗旨。怀疑论者认为，在责任保险的机制之下，药品仅以较低的保费为成本，便可将药品缺陷所造成的损害分摊到保险人的身上，这在一定程度上可能抑制药品生产者谨慎作为的积极性，这也是责任保险曾受长期争议的原因所在。在热烈的争论之后，责任保险之所以仍然得以保留并逐渐在各国得到发展，正是因为该制度支撑了侵权法的基本理念，实现了最重要的立法价值，即保护受害人，维护社会整体的公平和正义。在这个前提之下，保险人得以通过技术性方案减少逆向选择、道德风险等责任保险的不利影响。对于动辄关乎健康和生命的药品来说，及时与便捷地救济受害人才是第一需求，从这个角度而言，药品缺陷

---

〔1〕 参见［荷］威廉·范博姆、米夏埃尔·富尔主编：《在私法体系与公法体系之间的赔偿转移》，黄本莲译，中国法制出版社2012年版，第128页。

〔2〕 ［荷］威廉·范博姆、米夏埃尔·富尔主编：《在私法体系与公法体系之间的赔偿转移》，黄本莲译，中国法制出版社2012年版，第13~14页。

损害的可保性是毋庸置疑的。

第三节　影响药品缺陷责任可保性的民法规则及其完善

保险法上的索赔与理赔以侵权法上的责任为基础。药品缺陷认定、药品缺陷与损害间因果关系认定的难度是影响药品缺陷损害侵权责任成立的主要因素，也是影响药品缺陷责任可保性的重要因素。从提高风险可保性的角度出发，即为了提高保险人的承保意愿，应当严格缺陷及因果关系的认定；而从保护受害人的角度出发，应当将更多的证明责任分配到被保险人身上，因此，如何平衡双方的需求成为影响药品缺陷责任可保性的关键因素。

一、药品缺陷的认定难及其应对

（一）药品缺陷认定标准的重构

1. 消费者合理期待标准

所谓消费者合理期待标准，指的是判断产品是否存在缺陷，核心是该产品符不符合消费者对其安全性的合理期待。消费者合理期待标准包括两方面的"合理"：一是该期待来自理性的消费者，二是理性的消费者所产生的具有合理性的期待。很多国家和地区都采用了消费者合理期待标准作为认定药品是否存在缺陷的标准，该标准最早来源于 20 世纪 60 年代美国法院的判决。随着产品的丰富和产品设计难度的提高，有学者指出，在产品存在设计缺陷时，适用消费者合理期待标准存在疑问，因为普通的消费者无法对产品的专业设计形成有效的期待。[1]例如，对于某一口服药品而言，如果它的外观存在吞咽困难或风险，很显然不符合消费者对口服药品安全性能的预期；但对于该药品的具体成分，消费者难以形成较为具象的

---

〔1〕　David G. Owen, John E. Montgomery & Mary J. Davis, *Product Liability Law*, Foundation Press, 2010, pp. 248~249.

预期，导致消费者合理预期标准的可操作性不强。

2. 风险收益标准

所谓风险收益标准，是借用经济学方法，通过衡量产品的收益和可能的风险，来认定该项产品是否具有缺陷。可能的情形包括：如果一项产品可能带来的风险大于其创造的收益，那么它具有缺陷；如果改善某项产品的安全性所耗费的成本小于它可能带来的损失，那么该项产品具有缺陷。有学者总结，从风险与收益的关系角度来评价产品是否存在缺陷，有宏观和微观两种方法。[1]宏观方法是将产品的整体风险和收益进行比较，进而确定某项特定产品是否存在缺陷。微观方法则是以涉及的具体产品为考察对象，通过比较受害人主张的预防措施或替代方案所花费的成本，与采取预防措施和替代方案后产品产生的安全效益，来认定该产品是否存在缺陷。[2]《美国第三次侵权法重述》主张从微观角度来定义设计缺陷，根据第2条b款的规定，设计缺陷是指存在合理的替代设计而这种设计并没有被采用，合理的替代设计本质上体现的是风险收益标准的要求。在德国法上，《德国民法典》以产品安全义务为基础来规范生产者对产品的责任。德国理论认为，民法上的一般注意义务在产品责任制度中表现为产品安全义务，具体包括对产品安全设计、安全制造、指示说明、跟踪观察四方面的义务。[3]法官在实务中判断生产者是否尽到合理的产品安全义务时，其中一个考量因素便是生产者是否尽到使用更合理的替代设计的义务。

3. 以"不合理危险"为核心的综合认定标准

机械地适用某项单独标准从来都不是明智的选择，事实上，由于消费者合理期待标准的局限性，美国法院在认定产品缺陷时，一般都综合运用消费者合理期待标准和风险收益标准，尤其在针对复杂设计的产品时，例如著名的 Barker v. Lull Engineering Co. 案。[4]根据我国《产品质量法》第

---

[1] 参见焦艳玲：《药品侵权问题研究》，法律出版社2020年版，第98页。

[2] 参见冉克平：《产品责任理论与判例研究》，北京大学出版社2014年版，第103页。

[3] 参见李昊：《交易安全义务论——德国侵权行为法结构变迁的一种解读》，北京大学出版社2008年版，第484页。

[4] Barker v. Lull Engineering Co., 20 Cal. 3d413, 143Cal. Rptr. 225, 573 P. 2d 443（1978）.

46 条的规定，认定产品是否存在缺陷有两个层次的标准：第一层次是相关的国家标准和行业标准，如果具备标准，则优先适用相关标准；第二层次是"不合理危险"标准，在不具备相关国家和行业标准的情形下，适用"不合理危险"标准。相比我国的具体与抽象结合的双层次认定标准，在比较法上，对产品缺陷的规定大多采用不合理危险或不符合合理期待等抽象标准。

以具体的国家、行业标准作为认定缺陷的第一层次标准，在一定程度上降低了缺陷认定的难度，但是具体运用到药品缺陷的认定上，还存在诸多疑问。作为产品的一种类型，当前对药品缺陷的认定也遵循上述双层次标准，然而，潜在的危险性是药品的固有属性，即便是符合国家标准、行业标准的上市药品亦如此，符合标准的药品不等于是不存在不合理危险的药品。此外，由于药品在上市之前，必须经过行业标准、国家标准的检验，换言之，上市药品一般都符合国家标准或者行业标准，在某种程度上，在药品领域适用行业标准、国家标准来认定缺陷，事实上是架空了不合理危险标准。根据我国《药品管理法》第 28 条的规定，药品应当符合国家药品标准，若没有国家药品标准的，应当符合经核准的药品质量标准；该条第 2 款规定："国务院药品监督管理部门颁布的《中华人民共和国药典》和药品标准为国家药品标准。"这样可能导致的后果是，不管一种药品造成多么严重的损害，它都有可能被认定为不存在缺陷。正如 2003 年发生的"龙胆泻肝丸"事件，龙胆泻肝丸在古方中的成分包含"木通"，后国家标准使用"关木通"，由于关木通成分可致人肾脏受损，相关生产者按国家标准制造的龙胆泻肝丸引起多名用药者的严重损害，但在相关的诉讼中，由于该药符合国家标准，因此很难认定为具有缺陷，受害人获赔十分艰难。技术标准只是缺陷认定的参考因素，只有不合理危险标准才是缺陷认定的黄金标准。[1] 为克服国家标准在药品缺陷认定上的局限性，《药品管理法》第 28 条还规定，经国务院药品监督管理部门核准的药品质量标准高于国家药品标准的，按照经核准的药品质量标准执行。问题在于，根据该条规定，若没有经国务院药品监督管理部门核准的药品质量标

---

〔1〕　参见王利明：《侵权责任法研究》（下），中国人民大学出版社 2011 年版，第 230 页。

准，则仍然按照国家标准执行，依然没有解决前述困惑，类似"龙胆泻肝丸"事件仍可能发生。

结合比较法上的消费者期待标准和风险收益标准，在药品的缺陷认定上，应构建一种以"不合理危险"为核心的综合认定标准。具体而言，首先，将产品的缺陷分为设计、制造、警示和观察缺陷，行业标准和国家标准主要是基于产品的制造、设计而提出的，而警示和观察缺陷则不涉及相关的技术标准，认定缺陷首先应当考虑相关缺陷的类型。其次，以抽象的"不合理危险"标准为核心，该标准综合了风险可预见性、危害后果可避免性的要求，包括了消费者对产品安全的合理期待，也暗含了风险和收益的权衡，不论是设计和制造缺陷，还是警示和观察缺陷认定均可适用。最后，由于不合理危险标准较为抽象，在实际的认定中，需要法官考量的具体因素较多，若存在相关的行业标准和国家标准，可以作为认定药品的设计和制造是否存在不合理危险的参考。

（二）药品缺陷证明规则的完善

遵循民事诉讼法中"谁主张，谁举证"的证明规则，在药品缺陷损害诉讼中，应由受害人举证药品存在缺陷，然而，由于药品的专业性以及药品国家标准的存在，受害人举证药品存在缺陷的难度非常大。《药品管理法》规定，药品应当符合国家标准，因此，受害人要证明药品存在缺陷，须证明该药品不符合相应的国家标准，对于普通用药者来说，这具有极大的难度。首先，药品一般都是根据专业的药理知识、经过复杂的程序制作而成，受害人难以获得相关的知识和信息。其次，药品损害具有潜伏性，对于发病时间和用药时间间隔较长的药品损害，受害人更加难以举证。我国立法并未单独就药品缺陷的证明作出明确规定，在司法裁判中，究竟采用何种证明规则，并未统一。具体包括：

1. 严格遵循"谁主张，谁举证"的原则。在何某某等诉湖南省郴州市第一人民医院等医疗损害责任纠纷案中，2008年9月30日原告何某某因交通事故受伤到市一医院住院治疗，市一医院为何某某施行了肝裂伤缝合术等，并进行输血治疗，使用了曹某平、柯某、晏某武、韦某强、李某成、杨某涛的血浆和红细胞，血液来源为中心血站。2014 年 3 月 10 日，经湖南省疾病预防控制中心检验，何某某 HIV-1 抗体阳性，确诊艾滋病。郴州市中级人民法院经审理认为，本案系医疗损害责任纠纷，当事人二审中的争议焦点之一是中心血站、市一医院对何某某感染艾滋病是否存在过错。本案中，何某某 2008 年 9 月因交通事故在市一医院输血治疗，在 2014 年 3 月被诊断感染艾滋病。艾滋病的感染途径有多种，何某某的输血与被诊断感染艾滋病间隔时间较长，其没有提交证据证明所感染的艾滋病是因 2008 年 9 月在市一医院输血所致，现有证据不能认定中心血站、市一医院对何某某感染艾滋病存在过错，中心血站、市一医院对何某某感染艾滋病不应承担赔偿责任。[1]

2. 为救济受害人，变通适用举证责任倒置的原则。在李某雨因注射过敏诉江西保利制药有限公司产品致身体伤害损害赔偿纠纷案中，原告李某雨因发热咳嗽就医，在静脉注射被告江西保利公司生产的"鱼腥草"10 毫升注射液过程中，出现呼吸困难、口唇青紫、昏迷等不良反应，当时被紧急送往连云港市第一人民医院抢救，住院 34 天后于 2006 年 4 月 30 日出院，出院时仍有颈软、不能支持头自主活动等症状。出院诊断：①过敏性休克，②病毒性脑炎。一审法院认为：公民享有生命健康权。李某雨在就诊时使用了被告江西保利公司生产的鱼腥草注射液后受到了身体伤害，经司法鉴定后，最终确定李某雨的症状符合鱼腥草所致过敏性休克后遗症，而导致李某雨受到伤害的被告江西保利公司生产的鱼腥草药品被国家食品药品监督管理总局（已撤销）以该类药品存在临床用药安全隐患，决定在全国范围内暂停使用，且后来也没有能够恢复继续使用，说明李某雨使用的由被告江西保利公司生产的鱼腥草注射液存在缺陷，依据《产品质量法》的相关规定，在本案中被告江西保利公司作为经营性生产企业其完全应当承担对李某雨的赔偿责任。关于被告提出的，依照当时的科学技术水平，还不能发现它的缺陷，被告江西保利公司作为生产者依法可以免责的辩解意见，因依照相关法律规定，这个免责事由的举证责任在被告江西保

---

〔1〕 参见湖南省郴州市中级人民法院［2017］湘 10 民终 1668 号民事判决书。

利公司，而被告江西保利公司在本案中所举的证据不足以说明其将产品投入流通时的科学技术水平尚不能发现药品缺陷的存在，再说其缺陷在临床已多有反应，也根本不属于不能发现，即使其真的难以或不能发现，作为药品利润的获取者，亦不能推卸其损害赔偿之责，故法院对被告江西保利公司的这一辩解意见不予支持。二审法院支持了一审的判决，并认为，根据《产品质量法》的规定，因产品存在缺陷造成人身损害的，生产者应当承担责任。保利公司作为生产者应当承担证明自己产品没有缺陷的责任。[1]

又如，在扬州市红十字中心血站与李某医疗损害赔偿纠纷上诉案——输血感染疾病医疗纠纷案中，原告李某于2005年11月5日因交通事故被送往被告高邮医院住院治疗，同年11月10日在该院行左额开颅血肿清除手术，期间输入由被告扬州市红十字中心血站提供的红细胞悬液1.5U和新鲜冰冻血浆100毫升，嗣后原告因经济困难而于同年12月6日提前出院。2007年7月25日，原告经江苏省苏北人民医院血液检验，确认感染丙型肝炎病毒。江苏省高邮市人民法院经审理认为，原告在被告高邮医院住院手术治疗期间，输入由被告扬州市红十字中心血站提供的红细胞悬液和新鲜冰冻血浆，后原告经二次血液检验，确认感染了丙型肝炎病毒，该案的争议焦点是原告感染丙肝病毒与两被告的供血及输血行为之间是否存在因果关系。江苏省高级人民法院在2001年《全省民事审判工作座谈会纪要》中关于输血感染丙肝案件的处理已明确，患者就医期间因输血感染丙肝要求医疗机构、血站赔偿的，实行举证责任倒置。患者能够证明其曾经接受输血后6个月内感染丙肝或者虽在6个月后确诊，但能够明确判断出丙肝系输血感染的，可推定其感染丙肝与输血行为之间存在因果关系；医疗机构、血站应就其履行了法定义务，以及医疗行为或血液质量与损害后果之间无因果关系负举证责任。由此可见，本案被告应对血液质量不存在问题，以及原告在接受输血前已经感染上丙肝病毒，或者原告的丙肝病毒系输血后通过其他渠道感染的事实负有举证义务。[2]

---

〔1〕 参见江苏省连云港市中级人民法院［2010］连商终字第0578号民事判决书。

〔2〕 参见江苏省扬州市中级人民法院［2010］扬民终字第0202号民事判决书。

为了统一裁判，2017 年最高人民法院颁布的《关于审理医疗损害责任纠纷案件适用法律若干问题的解释》第 7 条第 3 款规定："医疗机构，医疗产品的生产者、销售者或者血液提供机构主张不承担责任的，应当对医疗产品不存在缺陷或者血液合格等抗辩事由承担举证证明责任。"该规定将药品不存在缺陷作为抗辩事由，由抗辩一方即药品的生产者、销售者承担，在遵循"谁主张，谁举证"的前提下，实现了实质上的举证责任倒置，该规定在事实上免去了受害人举证药品存在缺陷的负担。

二、药品缺陷与损害间因果关系的认定难及其反思

对于受害人而言，药品缺陷与损害之间因果关系的证明与药品存在缺陷的证明一样，具有相当的难度。受害人通常难以了解药品的作用机理，包括药品发生损害的原理，尤其对于发病时间和用药时间间隔较长的药品损害。在比较法理论中，民事责任中的因果关系认定一般以相当因果关系为标准，在医疗和药品领域，又逐渐发展出疫学因果关系理论。

（一）相当因果关系

德国法中的相当因果关系指的是，当某一事件从总体上以明显的方式提高了案中结果出现的客观可能性时，该事件与结果就具有相当的因果关系。[1]例如，受害人要证明药品的损害，无需证明药品与损害之间具有确实的因果关系，而应当证明药品系由被告生产或销售、受害人服用了涉案药品、受害人受到损害、受害人的损害与使用药品具有相当因果关系。所谓受害人的损害与使用药品具有相当因果关系，即在使用药品前，损害并未发生；在使用药品后，损害方发生，且该药品具有发生该项损害的客观可能性。相当因果关系的证明，一是药品使用是否为损害发生必不可少的条件；二是药品使用是否增加了损害发生的可能性。[2]在相当因果关系理论下，受

---

〔1〕　参见［德］克雷斯蒂安·冯·巴尔：《欧洲比较侵权行为法》（下卷），焦美华译，法律出版社 2001 年版，第 527 页。

〔2〕　焦艳玲：《药品侵权问题研究》，法律出版社 2020 年版，第 127 页。

害人的证明负担得以减轻，同时被告的抗辩责任加重，其须证明涉案药品不存在致害可能，即完全排除药品与受害人损害之间因果关系的存在。

（二）疫学因果关系

疫学因果关系，顾名思义，就是借助疫学的方法来证明法律上的因果关系，疫学主要研究的是疾病的发生规律和预防方法。环境法学者在研究生态破坏与人体损害的因果关系时引入了疫学因果关系理论，并总结构成疫学因果关系的条件包括：①某因子在发病前已经开始发生作用；②该因子的作用力越大，发病率越高；③该因子作用力下降，病率降低；④该因子作为病因的作用机理也许还得不到病理学的解释，但是与生物学规律并不矛盾。[1]可以看到，疫学上的因果关系表明的是一种作用因子与危险结果之间在概率上的联系，而非一种确切的因果关系。与我国《民事诉讼法》要求的"高度盖然性"不同，疫学因果关系反映的是"合理盖然性"的标准。换言之，疫学因果关系所要求的证明标准是低于一般民事诉讼要求的高度盖然性标准的，正因如此，疫学因果关系并不具有普适性，是在不能证明确切因果关系，也不能证明相当因果关系的场合，选择性地适用。

药品侵权诉讼中的因果关系证明本来就是一个难题，通常需要对复杂的科学证据进行耗时的分析。[2]在医药产品的背景下，证明一般因果关系（产品是否能够造成所谓的损害）和具体因果关系（产品是否在个别情况下造成损害）的困难被放大了。[3]正如哈维·特夫（Harvey Teff）和科林·门罗（Colin Munro）所强调的：由于药物的毒性，它们总是具有潜在的危险性。服用这些药物的人通常是已经生病的人，他们可能特别容易患上进一步的疾病。与许多其他产品不同，药品可能会以不可预知的方式造成伤害，具体取决于药品使用者的体质，有特殊体质的患者不能单纯地按照说明书服用药物，因为药物使用人可能对特定药物过敏，或者，看似属

---

〔1〕 参见吕忠梅："环境侵权诉讼证明标准初探"，载《政法论坛》2003 年第 5 期，第 30 页。

〔2〕 See CJ Miller & RS Goldberg, *Product Liability*, 2d ed, Oxford University Press, 2004, p. 17.

〔3〕 Richard Goldberg, *Causation and Risk in the Law of Torts*: *Scientific Evidence and Medicinal Product Liability*, Hart Publishing, 1999, p. 5.

于过敏的反应实际上可能却是一种毒性反应。[1]

随着 20 世纪和 21 世纪初科技革命成果的形成，出现了大量新型药物，案件变得更加复杂，对律师、专家以及法官本身都提出了很高的要求。[2]在药品责任案件中确立因果关系的现实意义怎么强调都不为过。在英国，无论索赔是出于过失还是根据《产品责任指令》的严格责任规定，[3]因果关

---

〔1〕　Harvey Teff and Cohn Munro, *Thalidomide: The Legal Aftermath*, Farnborough: Saxon House, 1976, pp. 135~136. 显然，证明一个人的伤害是由药物不良反应引起的，往往比证明他们是由故障机器引起的要困难得多。See Harvey Teff, *Regulation Under the Medicines Act* 1968: *A Continuing Prescription for Health*, *Modern Law Review*, 1984, p. 322. Teff 教授还指出 "某些药物组合的协同作用（例如巴比土酸盐和酒精、抗组胺药和奶酪）可能是致命的"。See Harvey Teff, "Products Liability in the Pharmaceutical Industry at Common Law", *McGill Law Journal*, 1974, p. 115.

〔2〕　See e. g. Bonthrone v. Secretary of State for Scotland, 1987 SLT 34, Jauncey LJ, cited in Diana Brahams, Pertussis Vaccine and Brain Damage: Two Claims Before the Courts, 1985, p. 326. 在戈尔德堡（Goldberg）的《侵权法中的因果关系和风险》中讨论了在审查了复杂的科学证据和论据后，斯图亚特·史密斯（Stuart Smith）勋爵认为，原告未能从概率的平衡上证明百日咳疫苗可能对幼儿造成永久性脑损伤。再来看看美国针对孕妇使用的抗恶心药物本得克汀（Bendectin）的大规模侵权诉讼。与 "反应停" 相反，许多证据表明该药物导致了胎儿畸形。See Henning Sjbstrbm & Robert Nilsson, *Thalidomide and the Power of the Drug Companies*, Harmondsworth: Penguin, 1972, p. 59. 本得克汀和出生缺陷之间没有科学的因果关系。本得克汀案表明，原告律师一直未能证明因果关系。约瑟夫·桑德斯（Joseph Sanders）就这一主题写了一篇开创性的论文《本得克汀诉讼：大规模侵权生命周期的案例研究》讨论该诉讼的影响。这场诉讼还催生了两本专著的形成。See Michael D Green, *Bendectin and Birth Defects: The Challenges of Mass Toxic Substances Litigation*, University of Pennsylvania Press, 1996; Joseph Sanders, *Bendectin on Trial: A Study of Mass Tort Litigation*, University of Michigan Press, 1998.

〔3〕　欧共体 1985 年 7 月 25 日关于成员国关于缺陷产品责任的法律、法规和行政规定的近似性的理事会指令 85/374/EEC，[1985] OJ, L 210/29。根据《产品责任指令》第 4 条和《1987 年消费者保护法》（英国）第 2（1）节第 43 条第 2（2）款，被有缺陷药品伤害的人必须证明损害、缺陷及其因果关系。损害必须 "全部或部分由药品缺陷" 造成。因此，过失和严格责任之间的正式区别是，对于过失，必须证明违反义务造成了损害，而根据 1987 年法案，必须证明缺陷造成了损害。（See Pamela R Ferguson, *Drug Injuries and the Pursuit of Compensation*, Sweet & Maxwell, 1996, p. 125.）似乎欧共体中每个成员国都将依赖于在其民事责任制度中建立的自己的因果关系理论。欧洲法院在 Henning Veedfald v. Arhus Amtskomune 案中的裁决强化了因果关系可能由国家法律定义和解释并由国家法院评估的论点，该法院在该案中得出结论，应由国家法院决定是否将索赔分为人身伤害、财产损失或非物质损坏（C-203/99 [2001] ECR 1-3587 at 1-3599 3600）。这取决于有效性原则的限制，国家法律不得通过其对因果关系的解释而使对受伤人员的保护或对生产者责任

系的证明通常都会导致和解或索赔成功。[1]相反，如果不能在一种药品与索赔人的受害情况之间建立因果关系，则可能导致此类索赔被视为滥用司法程序而被排除，因为这样的索赔都没有成功的可能性。

疫学被定义为"研究疾病在人群中的发病率、分布和病因的公共卫生和医学之领域"。[2]在确定药品责任诉讼中的因果关系时，疫学相关证据应当定期被提交至法院。为了在药品责任范围内确立事实因果关系，索赔人必须同时证明一般因果关系（物质是否能够在普通人群中造成特定伤害或状况）[3]和特定因果关系（物质能否造成特定个人的伤害）[4]。由于疫学是基于对人群而非个体的研究，它关注的是一般因果关系而非具体因果关系的问题。[5]疫学证据可以确定一种药物和一种疾病之间的关联，这种联系是否具有因果关系需要对证据进行评估，重点是研究设计和实施的缺陷在多大程度上影响了其结果和因果关系的推论。疫学研究的结果本身不能最终证明具体的因果关系。然而，一些案件集中在疫学证据在确定具体因果关系证据方面所起的作用，当然这是应当由法院处理的法律问题。[6]

（接上页）的限制无效，因为两者都反映了指令的"公平风险分配"。然而，在这样做时，法院将考虑这些因果问题在多大程度上结合了事实问题及其评估和法律问题。欧盟委员会认为："在有缺陷的产品造成损害的情况下，受害方可以确定因果关系，而不管国家程序规则之间的差异。"

〔1〕 Mark Mildred, Representing the Plaintiff in Geraint G Howells, ed, *Product Liability, Insurance and the Pharmaceutical Industry: An Anglo-American Comparison*, Manchester University, 1991, p. 27.

〔2〕 Michael D Green, D Michal Freedman & Leon Gordis, *Reference Guide on Epidemiology in Reference Manual on Scientific Evidence*, 3d ed, National Academies, 2011, p. 551.

〔3〕 Merck & Co *v.* Garza, 347 SW (3d) 256 at 262, citing Merrell Dow Pharmaceuticals *v.* Havner, 953 SW (2d) 706, 1997, p. 714.

〔4〕 See Michael D Green, *The Future of Proportional Liability: The Lessons of Toxic Substances Causation* in M Stuart Madden, ed, *Exploring Tort Law*, Cambridge University, 2005, p. 366.

〔5〕 Steve Gold, "Causation in Toxic Torts: Burdens of Proof, Standards of Persuasion, and Statistical Evidence", *Yale Law Journal*, 1986, pp. 379~380.

〔6〕 Richard Goldberg, *Epidemiological Uncertainty, Causation, and Drug Product Liability*, *McGill Law Journal*, Vol. 59, Special Issue（2014），p. 782.

疫学是基于对人群而不是个体的研究，这也表明，疫学证据在确定具体因果关系方面的局限性，即疫学证据在某种程度上是不准确的，因为在确定具体因果关系时，疫学学家可以而且确实通过逻辑回归技术和其他形式的统计细化机制来调整潜在的混杂因素。因此，在确定药品责任案件中的具体因果关系时可以使用贝叶斯定理来帮助我们理解如何使用个人风险因素细化统计风险。当然，这并不意味着贝叶斯定理必然是在疫学证据的背景下建立具体因果关系问题的答案。尽管如此，在认识到贝叶斯定理局限性的同时，逻辑回归技术和使用特定风险因素的其他形式的统计细化机制能够而且确实有助于对基于疫学证据的单个药品责任索赔中关于疾病原因的结论进行定量或准定量表达。越来越多的人支持在涉及药品的个体因果关系案件中提炼和个性化疫学证据。[1]

在法律和科学所要求的证明水平之间存在着明显的紧张关系。就过失责任而言，只要证明概率超过一半，或者在证据上表明存在因果关系就足够了。虽然没有普遍接受的因果关系科学证明标准，原告和被告在确定因果关系时都不需要采用科学证明标准来权衡概率，[2]但这种标准必须"远远超过边际"。[3]

疫学家在调查疾病起因时，通过使用相对风险的概念来衡量接触某种药剂与疾病发病率之间的关联。相对风险的定义是接触药剂的人群中某种疾病的发病率与未接触药剂的人群中疾病发病率的比率。例如，如果接触某种药物的所有人中有10%的人患病，而未接触药物的人中有5%的人患病，那么接触药物的人患病的频率就会增加一倍。10%比5%的相对风险表明接触药品与发生疾病之间没有关联。

---

〔1〕 Richard Goldberg, "Epidemiological Uncertainty, Causation, and Drug Product Liability", *McGill Law Journal*, Vol. 59, Special Issue (2014), p. 783.

〔2〕 See Carter *v.* Basildon and Thurrock University Hospitals NHS Foundation Trust, 2007 EWHC 1882 at para 92 (available on BAILII).

〔3〕 See Dingley v The Chief Constable, Strathclyde Police, 1998 SC 548 at 603 (Ct of Sess), 1998 GWD 677, Lord Prosser [Dingley cited to SC], affd 2000 SC (HL) 77, cited in Sienkiewicz, supra note 15, Lord Phillips.

为了调和概率平衡标准和疫学标准之间的明显紧张关系，出现了一种重要的尝试，即通过参考伤害风险加倍理论，在概率平衡上证明因果关系。这一理论在美国早已得到认可，[1]也有学者认为，使用科学上可靠的疫学研究，并要求将风险增加一倍以上，在法律制度的需要和科学的限制之间取得平衡。[2]然而，这一理论也受到了尖锐的批评。特别是，学者们认为，法官们"通过证据可采性决定的准则对因果法进行了实质性修改"，[3]并且"经常将证据可采性和证据充分性决定混为一谈"。[4]

那些要求原告提供风险加倍的疫学证据的法院正在作出"将疫学、相对风险、一般因果关系和个人因果关系的举证责任等同起来的法律政策决定"。此外，尽管提到风险加倍概念的司法意见总数有所增加，但美国法院对风险加倍理论在有毒侵权案件因果关系科学证据的充分性和可接受性问题上的适当作用仍然存在分歧。他们不同意是否采用风险加倍理论作为门槛，也不同意这样一个门槛的含义。[5]正如《美国第三次侵权重述》所指出的那样：许多法院接受群体研究中疾病发病率翻倍的观点；一些法院坚持将风险加倍作为确定具体因果关系的最低门槛。其他人已经认识到，如果可以确定和消除其他已知的原因，那么不到两倍的因素仍然足以找到

---

[1] See especially Daubert v. Merrell Dow Pharmaceuticals, 43 F (3d) 1311 (9th Cir 1995), 63 USLW 2420, cert denied, 516 US 869, 116 S Ct 189 (1995). 在这起案件中，美国最高法院发回重审的上诉法院认为，原告不仅必须证明本得克汀（Bendectin）增加了伤害的可能性，而且更有可能导致损害的发生。在统计证据方面，必须证明原告的母亲服用本得克汀会使出生缺陷的可能性增加一倍以上。佛蒙特州还在特定因果关系的背景下略微采用了风险加倍理论。See Blanchard v. Goodyear Tire and Rubber, 30 a (3d) 1271, 2011 VT 85 (VT Sup Ct), 1275~1277.

[2] Merck & Co v. Garza, 347 SW (3d) 256 at 262 (Tex 2011) [Garza], citing Merrell Dow Pharmaceuticals v. Havner, 953 SW (2d) 706 at 718 (Tex 1997).

[3] Lucinda M Finley, "Guarding the Gate to the Courthouse: How Trial Judges Are Using Their Evidentiary Screening Role to Remake Tort Causation Rules", *DePaul Law Review*, 1999, p. 336.

[4] See Jean Macchiaroli Eggen, "Clinical Medical Evidence of Causation in Toxic Tort Cases: Into the Crucible of Daubert", *Houston Law Review*, 2001, pp. 378~379.

[5] Russellyn S Carruth & Bernard D Goldstein, "Relative Risk Greater Than Two in Proof of Causation in Toxic Tort Litigation", *Jurimetrics Journal*, 2001, pp. 202~203.

具体的原因。[1]

因此，疫学证据的可接受性和充分性的相对风险加倍的要求受到了许多质疑。[2]《美国第三次侵权重述》在讨论了影响基于群体研究结果确定具体因果关系概率的适当性的考虑因素时，得出结论认为，要求原告出示风险增加作为最低门槛（或在群体研究中发病率增加一倍）以满足具体因果关系举证责任的司法要求"通常是不恰当的"。[3]尽管风险加倍理论在美国存在问题，但它的存在似乎在英国得到了认可。具有特别重要意义的是 XYZ v. Schering Health Care 案，该案审理了针对三家制药公司的 7 起集体诉讼案件，涉及静脉血栓栓塞症（VTE）集体描述下的心血管损伤。原告声称，他们的伤害是由于服用被告不同品牌的第三代复方口服避孕药造成的，根据 1987 年《消费者保护法》和《产品责任指令》，他们所购买的产品存在缺陷。虽然诉讼理由基于严格责任，但不论是过失责任或是严格责任，都要求证明产品和损害之间存在因果关系（即一般因果关系问题），这是首先需要确定的重要问题。麦凯法官表示，如果风险暴露使伤害发生的风险增加一倍以上，索赔人可以证明风险暴露导致伤害。[4]这两者都是导致癌症发生的潜在原因。[5]然而，有人认为，由于风险加倍方法只有在风险估计代表"可能造成伤害的相互排斥的方式"时才有效，并且寻求

---

[1]　Restatement（Third）of the Law of Torts § 28（a）（2010）.

[2]　See Carl F Cranor, *Toxic Torts: Science, Law and the Possibility of Justice*, Cambridge University, 2007, p. 281.

[3]　Restatement（Third）of the Law of Torts § 28（a）（2010）.

[4]　See CJ Miller & RS Goldberg, *Product Liability*, 2d ed, Oxford University, 2004, at paras 17. 06~17. 08.

[5]　See Cookson v. Novartis Grimsby Ltd, EWCA Civ 1261, 2007 All ER（D）465（Nov）at para 74, Smith LJ. See also Ministry of Defence v. AB, 2010 EWCA Civ 1317, 117 BMLR 101 at 149. AB v. Ministry of Defence, 2012 UKSC 9, 2013 1 AC 78 AB UKSC. 英国最高法院认为，在审查索赔案件因果关系的强度和确定初审法院根据 1980 年《限制法案》第 33 条行使自由裁量权是否适当的情况下，风险倍增理论是相关的。初审法官被发现错误地行使了他的自由裁量权。在驳回索赔人的上诉时，最高法院认为，对索赔是否被时效限制进行调查的法院，即使在考虑根据 1980 年法案第33 条赋予的权力时，也不应详细考虑索赔人希望证明其案件的证据。

"估计在特定情况下是一种方式而不是其他可能方式之一的可能性"。[1]

在 In re Zoloft（Sertralinehydrochloride）Products Liability Litigation 中，美国宾夕法尼亚州 E. D. 地区法院认为流行病学是有毒侵权案件中一般因果关系的最佳证据，在流行病学可用的地方，它不容忽视。无论是处方药制造商的内部文件，包括制造商自己的流行病学家和其他分析某些流行病学研究的科学家之间的讨论，还是包含建议服用药物的妇女使用避孕措施的语言的产品文件草案或外国产品标签，都不构成一般因果关系，而不是承认可能的关联。一些法院认为，需要积极的人类流行病学研究才能得出关于某种药物是否对人类致畸的可靠结论，而主要基于体外和活体动物研究的因果关系意见是不可靠的，不符合相关的标准。法院同意，关于人类因果关系的可靠专家意见通常应得到积极和重复的流行病学研究的支持，但在这里是指狭义的流行病学因果关系。具体而言，法院认为，当流行病学研究与因果关系意见模棱两可或不一致时，主张因果关系意见的专家必须彻底分析流行病学研究的优缺点，并解释为什么该研究主体不矛盾或削弱他们的意见。原告引用了医生或患者使用左洛复后发生的不良事件的报告，包括出生缺陷事件。这些报告当然与研究假设的产生有关，但不足以就一般因果关系提出实质性的事实问题。"尽管法院可能会依赖诸如病例报告之类的传闻证据，但法院必须考虑到病例报告只是对医疗事件的描述。它们只反映了报告的数据，而不是科学方法。"[2]疫学研究的重要性不容忽视："单纯的案例研究面对受控的、基于人群的流行病学研究是苍白的。"[3]在出生缺陷的问题背景下，疫学研究的重要性尤其突出，因为出生缺陷有许多已知和未知的潜在因素。[4]

---

〔1〕 Jane Stapleton, "Factual Causation, Mesothelioma and Statistical Validity", *Law Quarterly Review*, 2012, pp. 223~225.

〔2〕 Allison v. McGhan Med. Corp., 184 F. 3d 1300, 1316 (11th Cir. 1999).

〔3〕 Allison v. McGhan Med. Corp., 184 F. 3d 1300, 1316 (11th Cir. 1999). Accord Glastetter, 252 F. 3d at 989~990 (注意病例报告没有筛选出不良事件的其他原因，并且往往缺乏分析)。

〔4〕 关于 Zoloft 的不良事件报告与 In re: Neurontin Marketing, Sales Practices, and Products Liability Litigation, 612 F. Supp. 2d 116, 153 (D. Mass. 2009). 中的不良事件报告具有明显不同的特征，

　　事实上，我国司法实践已经在探索食品、药品等特殊领域适用合理盖然性的证明标准，例如，最高人民法院《关于审理食品药品纠纷案件适用法律若干问题的规定》第5条第2款规定，受害人只要初步证明损害与药品存在因果关系，法律上即推定因果关系成立。这与疫学因果关系在本质上是一致的，也就是说，在因果关系难以认定的罕见药品损害案件中，受害人只要证明药品与损害之间存在疫学上的因果关系，就可以认为是完成了初步证明的责任，若被告不能通过更有力的证据举证排除这种因果关系，则受害人的证明是有效的。

（接上页）因为这些案件的报告包括"去挑战和再挑战事件"，其中不良事件在患者停止服用药物时停止，并在患者恢复服用药物时再次发生，以及临床试验报告，这些报告不能对孕妇进行。

第二章

药品缺陷责任保险模式之选择：
以救济理念为导向

//////

第一节　药品损害救济的理念转向

比较法上，药品损害救济的相关理念大体上经历了从责任承担到风险分担的转变，而风险分担的具体方式又有所不同，代表性的方式主要有美国的产品责任制度、德国的药品责任强制保险、瑞典的药品保险模式等。在美国法上，主要依据产品责任制度救济药品损害，而美国产品责任的归责理念也经历了从过失责任到担保责任再到严格责任的发展过程，严格责任之下，又发展出市场份额责任的认定方式。瑞典的药品损害救济方式主要是药品保险制度，在瑞典，伴随着侵权法的衰落，责任保险日益勃兴。完善的社会保障体系和健全的药品不良反应监测机制是瑞典药品保险制度的实施基础。德国的药品损害救济制度以充分保护受害人权益为指导理念，较为彻底地贯彻了从责任承担到风险分担的转变，并在药品管理法中明确规定药品责任强制保险。对上述三种模式的分析，可以为我国药品损害救济制度的完善提供思路。

一、美国模式：产品责任归责原则的演变

（一）从过失责任到严格责任

在美国法上，产品责任归责原则的流变反映了药品损害救济理念的变迁。美国的产品责任制度体系由判例、习惯法和成文法共同构成，三者之间彼此独立但也互相影响。从 20 世纪 60 年代初开始，一个又一个州对产品缺陷采取严格责任的做法，这似乎预示着从疏忽到严格责任的转变将蔓延开来。在普通法中，意外造成身体伤害的归责原则几乎没有重大的理论扩展，甚至有一些缩减。产品责任是一个最突出的领域，在该领域，责任似乎从疏忽转向了严格责任。在成文法方面，1979 年 1 月，美国商务部颁布了《统一产品责任示范法》（Model Uniform Product Liability Act），[1]作为专家建议文本，供各州在立法及司法中参考适用。1982 年，美国参议院商业科学和运输委员会下设的消费特别委员会颁布了《产品责任法议案》。此外，《美国第二次侵权法重述》（产品责任）（1965 年版）[2]、《美国第三次侵权法重述》（产品责任）（1997 年版），《美国第三次侵权法重述》（责任分配）（2000 年版）[3]，在完善产品责任制度、统一各州产品责任规则上都发挥了重要作用。1965 年《美国第二次侵权法重述》（产品责任）第 402 条 A 款体现了严格责任理论的基本精神，此后，1979 年《统一产品责任示范法》、1982 年《统一产品责任议案》以及《美国统一商法典》都基本上采用了严格责任原则。1997 年《美国第三次侵权法重述》（产品责任）进一步明确了严格责任的适用，402A 节第 1 款规定如下：凡销售任何有缺陷的产品而给消费者或使用者带来不合理危险的人，对因此

---

〔1〕　参见国家技术监督局政策法规司编：《国外产品质量与产品责任法规选编》，中国计量出版社 1992 年版，第 89 页。

〔2〕　参见 ［美］肯尼斯·S. 亚伯拉罕、阿尔伯特·C. 泰特选编：《侵权法重述——纲要》，许传玺等译，法律出版社 2006 年版，第 45 页。

〔3〕　参见 ［美］肯尼斯·S. 亚伯拉罕、阿尔伯特·C. 泰特选编：《侵权法重述——纲要》，许传玺等译，法律出版社 2006 年版，第 48 页。

给消费者或使用者造成的人身伤害或财产损害负有责任，第 2 款规定，即使有下述情况，仍适用前款规定：A. 销售者在准备销售和出售其产品时已经尽到一切可能的注意；而且 B. 消费者或使用者没有从销售者手中购买产品以及与销售者没有任何合同关系。

在判例方面，产品责任的过失责任原则在 1916 年的 Macpherson 诉别克汽车公司案中被确立下来。过失责任是指产品的生产者或者销售者未尽合理的注意义务，致使产品造成他人损害。根据过失责任原则，受害人对以下事实负举证责任：①被告存在注意义务；②被告未尽合理的注意义务；③产品缺陷的存在与损害的发生之间有因果关系。过失责任属于侵权责任，不要求受害人与产品生产者或销售者之间存在契约关系，这有利于对受害人的保护。与此同时，由于产品的设计、生产均涉及相应的专业知识和行业标准，举证侵权人具有过失，对于受害人而言负担又过于沉重。为此，1963 年，在 Greenman v. Yuba Power Products Inc. 案[1]中，法院进一步阐释并适用了严格责任理论，认为只要生产者将其产品投放市场，且该产品的缺陷对受害人造成了损害，生产者就应对损害承担严格责任。这是因为生产者对产品的缺陷具有了解、控制、避免的能力，且其投放产品到市场的行为为自身提供了盈利机会，同时给不特定的他人创设了风险，这是基于对社会公共利益的考量。

（二）从严格责任到市场份额责任

自 20 世纪 60 年代以来，美国法院在产品责任诉讼中不断发展并丰富严格责任的内涵，其中，以著名的己烯雌酚（DES）安胎剂案为标志，在严格责任的基本原则之下，又发展出市场份额责任这样一种具体的责任分担方式。从本质上说，市场份额责任体现了收益与风险分担的理念，但仍然属于严格责任的范畴。[2]

20 世纪 40 年代，美国药品市场出现了一种含有人工合成激素己烯雌酚的安胎剂，主要作用是预防流产，截至 20 世纪 70 年代，全美有近两百个厂

---

[1] See 59, cal. 2d 57, 27 eal. Rptr, 697, 377 p. 2d 897（1963）.

[2] 参见王瑛：《我国药品不良反应损害救济制度的构建》，法律出版社 2020 年版，第 110 页。

家生产过己烯雌酚安胎剂。随着科学技术的进步，己烯雌酚安胎剂被发现存在严重的副作用，并且这种副作用主要体现在服药孕妇所产下的女性下一代身上，成千上万的妇女罹患癌症，而她们的母亲在孕期都服用了上述安胎剂。在 Sindell v. Abbot Laboratories 案中，原告 Sindell 成年后罹患癌症，她的母亲在怀孕期间服用了己烯雌酚安胎剂，因此诉被告药品侵权，但她无法举证母亲所服用的己烯雌酚安胎剂的具体生产厂家，于是协同其他受害人一起将生产该药且市场占有率达 90% 以上的 5 家药厂列为共同被告。一审法院认为，原告的证据无法证明谁是确切的被告，因此驳回了原告的起诉。二审法院审理认为，根据风险收益原则，由于是多名原告共同起诉，被告在己烯雌酚安胎剂市场所占的份额越大，其将涉案药品卖给其中一名受害人的可能性就越大，因此，以严格责任为基础，被告根据自己所占的市场份额来承担相应比例的责任。被告不服二审法院的判决，向加利福尼亚州最高法院提出上诉，该法院支持二审判决，认可了依据市场份额所划分的责任。审理该案的莫斯克（Mosk）法官指出，之所以在药品缺陷损害赔偿案中适用市场份额责任，是因为药品缺陷所造成的损害具有潜伏性和延续性，甚至代代相传，经过长久的时间之后，原告的举证负担过重，因此，应由被告来证明自己的药品未被受害人服用，才能排除市场份额责任的适用。[1]此后，在类似的药品缺陷损害纠纷中，美国法院多以市场份额责任来确定责任主体的份额。

（三）一个突破侵权法的尝试：国家疫苗伤害补偿计划

接种疫苗是有效的疾病预防措施，但疫苗接种不可避免地存在发生不良反应的可能，在 20 世纪 80 年代早期的美国，由于 DTP（白喉、破伤风、百日咳）疫苗严重副作用的药害事件，产生了疫苗安全性的信任危机，大量的民众向疫苗生产者提出药品损害诉讼，巨额的赔偿负担使得整个疫苗行业陷入低迷。为此，1986 年，美国政府制定了《国家儿童疫苗接种伤害法案》（The National Childhood Vaccine Injury Act of 1986），根据法案的规

---

〔1〕　See Sindell v. Abbott Laboratories, Supreme Court of California 26 Cal. 3d 588, 163cal. Kptr. 132, 607 p. 2d 924（1980）.

定，对疫苗的受害者实施无过错责任补偿制度。1988 年，美国国会通过并实施了国家疫苗伤害补偿计划（National Vaccine Injury Compensation Program, VICP）[1]，以设立基金的方式贯彻前述无过错责任补偿制度，基金的资金源于联邦税收。疫苗受害者受到《疫苗伤害表》所列明的疫苗相关的伤害、疾病或是死亡，可根据《联邦侵权赔偿法》向法院申请补偿，由法院裁决是否符合补偿情形。此外，国家疫苗伤害补偿计划规定，如果疫苗受害者已经从疫苗生产者方得到民事赔偿，或已经提起民事赔偿的相关诉讼，则不能申请该计划的救济。

二、德国模式：从产品责任制度到药品责任强制保险制度

不论是对产品责任规则本身的完善，还是以产品责任规则为基础构建的药品责任强制保险制度，德国的药品损害救济制度的演变是以 20 世纪 60 年代的"反应停"药品损害事件（Thalidomide Disaster, 沙利度胺）为契机完成的。德国制药企业生产的"反应停"在临床上被用于缓解妊娠期妇女的精神和身体反应，在世界多个国家上市使用。1961 年，一位澳大利亚妇产科医生 William McBride 提出一些胎儿的出生畸形可能与妇女妊娠期间服用"反应停"有关这一发现得到德国汉堡的 Widukind Lenz 医生、K. Knapp 的撰文支持。而此时，"反应停"已经在各国造成至少 1 万名海豹肢畸形儿，造成的死亡胎儿数无法统计。后来的流行病学调查研究以及动物实验的结果表明，"反应停"中含有的沙利度胺是导致患儿畸形和胎儿死亡的原因。此后，制造"反应停"的德国药企受到了大量的受害者起诉，德国制造的产品形象也一度受到严重质疑。

在上述"反应停"药品损害事故发生之前，德国在药品损害的民事赔偿责任上主要适用过失责任原则。根据过失责任的规则，涉案的"反应

---

　　[1]　See Lainie Rutkow, Brad Maggy, Joanna Zablotsky, Thomas R. Oliver, "Balancing Consumer And Industry Interests In Public Health；The National Vaccine Injury compensation Program And Its Influence During The Last Two Decades", Penn St. L. Rev. 111, 2007, p. 681.

停"药品是经过相关部门的批准上市的，药品的生产者和销售者在主观上都不存在过失，很难认定其存在民事上的赔偿责任。

面对"反应停"药品损害事件的冲击，德国政府开始着手完善药品致害相关的民事法律规定。1976 年，德国制定了《药物伤害法》，在该法案中，药品生产者应对缺陷药品承担严格责任，不论主观上有无过失。严格责任制度有利于对受害人的救济，但同时给生产者带来了巨大负担。法律规则既要保护受害人的权益，也要有利于促进新药的研究和开发，于是德国通过实行赔偿基金制度，来缓解严格责任带来的不利影响。1977 年，由于药品的特殊性，为进一步完善药品损害救济制度，德国将药品从一般的产品中独立出来，建立专门的规则，《德国药品法》作为德国产品责任法的特别法被颁布，该法完善了药品生产者的严格责任规则，提出了设置药品不良反应补偿基金，并强制规定药品生产者投保药品责任保险。该法第94 条规定了担保预防措施：①制药企业必须保证其能够实现因使用其投放市场的、经强制销售许可，或依法免予销售许可的人用药品导致损害赔偿给付（保险准备）。保险准备应达到第 88 条第 1 款的指定总金额，必须符合以下规定之一：A. 从现行法律范围内授权从事该业务的保险公司取得的第三方保险；B. 由国内信贷机构或任何欧洲共同体成员国之一或达到欧洲经济区协议的国家的信贷机构发出的免责或担保义务。②如果保险准备由第三方保险形式提供，于 1967 年 6 月 30 日最后修订的保险合同法的第158c 条至第 158k 条，将同样适用。③信贷机构必须在保证保险准备在需要支付时都能得以实施的情况下，保险准备才能以信贷机构使用免责或保证义务形式提供。对于免责或保证义务，保险合同法的第 158c 条至第158k 条同样适用。通过药品责任强制保险的风险分担功能，德国的药品救济制度能够及时、有效地为受害人提供救济途径，同时也减轻了药品生产者在严格责任下的赔偿负担。

与大多数国家在严格责任原则下又增加发展风险免责的条款不同，德国法在药品侵权的问题上，并不承认发展风险免责，换言之，即使当时的科技不能发现药品存在缺陷，一旦发生损害，药品的生产者仍然要承担赔偿责任。《德国民法典》第 254 条规定了抗辩事由，但《德国药品法》规定，在药品损害中，只有受害人滥用导致损害的情形，药品的生产者才可以援引前述抗辩条款进行抗辩。受"反应停"药害事件的影响，德国立法者认为在药品领域，服药者的生命和健康是第一位的，法律应给予更周全的保护，因此，药品的发展风险不能作为药品生产者免责的事由。有学者总结，在德国法上，消费者因药品危险性而遭受的损害，并非不幸的灾难，消费者仍得向制药企业主张损害赔偿责任，从而无须要求制药企业对损害的发生具有可预见性。[1]

三、瑞典模式：侵权法的衰落与药品保险制度的勃兴

在瑞典，以保护协会成员的权益为宗旨，药品行业建立了非营利性组织——瑞典药品保险协会（The Swedish Pharmaceutical Insurance Association），该协会代表协会成员以集体的方式与保险公司签订保险合同，由此构建了瑞典特色的药品保险制度（Swedish pharmaceutical insurance），虽然是以自愿的方式参加，但事实上，瑞典几乎所有的药事企业都加入了药品保险协会。

在瑞典，关于侵权责任与保险之间的关系，一直是学者热议的论题。学者伊瓦尔·施特拉尔（Ivar Strahl）、扬·赫尔纳（Jan Hellner）和贝蒂尔·本特松（Bertil Bengtsson）都认为保险应当发挥比在传统侵权行为法中更为决定性的作用。[2]其中，施特拉尔认为，沿着严格责任方向发展的侵权行为法并不足够救济受害人，为了满足救济受害人的需求，应当重视保险的功能。[3]赫尔纳亦推崇保险在赔偿和分配上的功能。[4]德国学者总

---

〔1〕 参见黄茂荣：《债法总论》（第 2 册），中国政法大学出版社 2003 年版，第 36 页。

〔2〕 ［德］格哈德·瓦格纳主编：《比较法视野下的侵权法与责任保险》，魏磊杰、王之洲、朱淼译，中国法制出版社 2012 年版，第 185 页。

〔3〕 ［德］格哈德·瓦格纳主编：《比较法视野下的侵权法与责任保险》，魏磊杰、王之洲、朱淼译，中国法制出版社 2012 年版，第 186 页。

〔4〕 ［德］格哈德·瓦格纳主编：《比较法视野下的侵权法与责任保险》，魏磊杰、王之洲、朱淼译，中国法制出版社 2012 年版，第 187 页。

结，在颠覆侵权与保险关系方面，瑞典法无疑是最为激进的，责任保险甚至优先于侵权责任。[1]

　　第二次世界大战结束后，在北欧各国司法部部长讨论北欧共同立法的领域时，侵权法被选为其中之一。至少就瑞典而言，改革的必要性似乎是显而易见的。起初，改革计划意义深远。为了制定总体计划，各国专家被任命，其中包括瑞典乌普萨拉大学的刑法学教授伊瓦尔·斯特拉尔，他也是侵权法方面的专家。他在1950年撰写了一份关于侵权法改革原则的一般性报告。从长远来看，这份报告产生了巨大的影响，但它的基本思想过于激进，不能被普遍接受，其范围过于广泛，不能立即实施。[2]涉及药品侵权责任时，由于《瑞典侵权损害赔偿法》的规定明确以过失责任为目标，当侵权行为人承担严格责任时，其适用存在一定的问题。[3]1976年，瑞典政府任命的产品责任委员会，借鉴德国的工业资助基金计划，提出了一个制药行业的类似计划；1978年，最终通过的不是前述计划，而是一种自愿的团体保险，由制药商和进口商与主要保险公司联合设立。这种非正式的（或私人的）"立法"方法在其他国家也曾被运用，但在瑞典，随着侵权法功能的衰落，用团体保险取代侵权责任成为一种更普遍的手段。[4]

　　在此之前，药品损害领域的赔偿都必须通过侵权损害赔偿寻求（至少在没有私人保险的情况下），而侵权制度以其对抗性、时效长、交易成本高等特点，造成了药品损害救济的不便。一个更有效的替代办法是第一方

　　〔1〕　［德］格哈德·瓦格纳主编：《比较法视野下的侵权法与责任保险》，魏磊杰、王之洲、朱森译，中国法制出版社2012年版，第437页。

　　〔2〕　See Jan Hellner, "Compensation for Personal Injuries in Sweden", *Scandinavian studies in law*, 2011, p. 253.

　　〔3〕　See Jan Hellner, "Compensation for Personal Injuries in Sweden", *Scandinavian studies in law*, 2011, p. 254.

　　〔4〕　瑞典人对"私人立法"的偏好是明确表达的：更大的灵活性，根据经验进行更改的方便性，偏爱仲裁等。Hellner, Schweden, Haftungsersetzung durch Versicherungsschutz, (1980) 24. 除了处理事故的计划外，瑞典此前还致力于一种"两步走"的残疾综合收入替代制度：社会保障，由雇主为白领和蓝领员工提供的非法定行业团体保险补充。只有汽车事故计划是法定的。Hellner, The Swedish Traffic Damage Act of 1975, 2 Harmonization of Insurance Risk, (Antwerp, 1981) 269.

保险，以弥补社会保障福利和全额补偿之间的差距，工伤由雇主提供资金，病人保险由瑞典负责医疗保健的县议会提供资金。这两个计划都是由大型保险公司的企业联合组织管理的。第一方保险的优势当然也得到了美国和加拿大无故障汽车保险计划的推动者的认可。但有一个根本的区别：美国的无过错计划（尽管它们的福利差异很大）声称只覆盖基本的损失，而在瑞典，这些损失是由社会保险来解决的；另一方面，在瑞典的保险计划覆盖了最大损失的同时，在北美的无过错司法管辖区，受害者的损失仍然取决于侵权制度的有限救济。[1]在此基础上，瑞典通过了药品保险方案，与德国的方案不同，瑞典的方案并不局限于有缺陷的药品，而是基于更广泛的保险原则，所涵盖的都是"与药物有关的伤害"，包括由于药物成分随后发生变化或第三方行为造成的伤害，例如医生误诊并因此开错了药。排除的是药物的任何单纯无效、相对轻微的残疾、根据患者的健康和医学预测应合理忍受的副作用以及故意滥用或明知违反药物法规。[2]由于所有药品的分销都需要许可证，而且国内制造商和外国进口商都是由药品协会组织起来的，因此很容易获得这些协会组织的帮助来进行集体投保，保险的管理相对简单，药品保险下的索赔由保险公司处理。

相较于基于过失或者基于缺陷的侵权责任，瑞典的药品保险所遵循的理念主要是使用药品产生严重意外后果理应得到赔偿，这一理念近似于瑞典的社会医疗保险，因此，药品使用者是否能基于药品保险而获赔，在很大程度上取决于具体的情况。例如，如果由于疾病的严重性，患者必须使用某些危险的药物，并且不幸地在使用过程中发生了严重的副作用或者不良反应，此时其不能得到药品保险的赔偿。再如，由于医生存在明显的错误，包括开错药方、开出的药方剂量过大、给出了错误药品等，也可能产生药品使用者请求赔偿的权利。又或者，一些在一般情况下无害的药品，

---

〔1〕 See John G. Fleming, "Drug Injury Compensation Plans", *University of New Brunswick Law Journal*, Vol. 32, p. 14（1983）.

〔2〕 See John G. Fleming, "Drug Injury Compensation Plans", *University of New Brunswick Law Journal*, Vol. 32, p. 15（1983）.

由于不可预见的原因，造成了相当大的伤害，药品使用者应该得到请求赔偿的权利。典型的例子是血友病患者因为使用输入的血浆而受到艾滋病毒的感染，但对于血浆中存在艾滋病毒这一事实，医院是未知的，医生是未知的，甚至以当时的科技水平，血浆提供机构也是未知的，因此不能由这些确实存在一定责任的人负最终的赔偿责任，此时应由药品保险来弥补药品使用者的损失。总体而言，瑞典的药品集团事故保险不要求药品有缺陷，也不要求一定有人存在过失，在保护人身伤害方面比侵权法走得更远。[1]

　　药品保险充分体现出"瑞典模式"的特点，赔偿的基本标准不再是将被告的行为置于首要地位的过失和缺陷，而是关注在药品致人损害的情况下，遭受伤害的人可以合理地要求什么。基于药品保险在这一方面的显著变化，药品损害保险索赔成功的案例大幅增加，这也说明了药品损害救济理念更新的重要性。瑞典的药品保险制度同时采取了降低交易成本、限制补偿金额、列出有权获得赔偿的伤害的详细清单等一系列配套的措施，这表明保险的创建者更多地将保险条件视为限制保护范围扩大的一种实际手段，这是在特定情况下实现正义的一种方法。总体而言，与侵权法相比，瑞典的保险法采取的与人身伤害赔偿有关的各种理念和原则都有所不同，这是保险的独创之处，也是保险的优越之处。从瑞典人身损害赔偿的发展历史来看，瑞典药品保险的模式是社会长期发展的产物，各种历史环境、客观基础在其中发挥了不同的奠基作用。除了药品保险制度之外，尽管瑞典的各种保险制度都存在各种各样的差异，但过错的作用一直被降低到最低限度，这一点是一致的。[2]

　　以团体形式投保的药品保险制度之所以能在瑞典全面实施，并取得良好效果，与该国的医疗保障制度及药品不良反应监测制度息息相关。在医

---

　　[1]　See Jan Hellner,"Compensation for Personal Injuries in Sweden", *Scandinavian studies in law*, 2011, p. 266.

　　[2]　See Jan Hellner,"Compensation for Personal Injuries in Sweden", *Scandinavian studies in law*, 2011, p. 270.

疗保障制度方面，自 20 世纪 60 年代以来，瑞典就通过各式各样的集体保险和强制保险构建了一个系统的社会保障体系，药品保险制度是其社会保障体系中的一个组成部分。瑞典现行的医疗保障具有高福利性、公平性和适宜性，[1] 全体公民都被纳入了医疗保障体系中。事实上，在药品损害的救济中，瑞典的药品保险制度只是作为社会医疗保障体系的补充存在，受害人通过药品保险来索赔时，须扣除已经在社会医疗保障中获得的赔偿金额。正因如此，药品保险几乎很少出现大额的理赔，即便出现大规模的药品损害，也不会出现保险赔付困难。通过社会医疗保障和药品保险制度的风险共担，药品损害的受害人能够得到及时、有效、全面的救济，社会医疗保险和集团保险也都无需承担过高的赔偿负担。在药品不良反应监测报告制度方面，瑞典较早地构建了配套的法律法规，为药品不良反应的监测制定了较为完善的规则和程序。作为最早加入世界卫生组织（WHO）药品不良反应监测合作计划的国家之一，瑞典的药品不良反应监测报告制度在实践中逐步得到完善，在提高药品的安全性和有效性方面发挥了积极作用。瑞典的药品不良反应报告遵循从基层到地区中心，再从地区中心到国家中心的程序，既扩大了报告的范围，又保证了病例分析的专业性和权威性。

第二节　药品损害风险分担模式的本土化分析

一、我国不具备实行瑞典式药品保险的社会福利基础

在药品损害的救济上，德国的药品责任强制保险制度和瑞典的药品保险制度都发挥了良好的作用。不同的是，德国的药品责任强制保险制度是通过法律强制实施的，而瑞典的药品保险是以药品生产者自愿加入的形式实施，而瑞典的药品生产者几乎都加入了团体的保险当中。如前所述，德国的强制责任保险制度，以强制药品企业投保的方式为药品企业分散了风

---

〔1〕　参见贺红强："瑞典医疗保障制度对我国的启示和借鉴"，载《中国卫生法制》2013 年第 1 期。

险，一方面能够及时救济受害人，另一方面也支持了药品企业的可持续发展。在德国侵权法上，药品企业所需承担的药品缺陷责任非常严格，不能以发展缺陷作为抗辩，在该规则下，药品企业的责任过重，不利于新药的研发与生产，通过强制责任保险制度的风险分散功能，又能够缓解药品企业的赔偿压力。瑞典的药品保险制度保险资金充足、保障范围广，在救济受害人方面走得比一般的保险更远。针对我国药品损害救济的现状，有必要思考瑞典的药品保险模式和德国的强制责任保险模式在我国实施的可行性。

瑞典药品保险模式的关键词是"事故"和"团体"。所谓事故，就是在该模式之下，不以药品责任的存在为赔偿基础，而以药品事故的发生为赔偿基础。申言之，保险公司的承保范围不仅包括药品缺陷所导致的损害，也包括受害人误服、药品不良反应、医疗事故等原因导致的药品损害，其保障的范围非常宽泛，在最大程度上实现了对受害人的保护。所谓团体，就是药品企业以协会的名义共同投保，而不是以各自的名义分别投保，该模式能集团体之力，为保险公司的理赔积累资金池，提高保险人的承保意愿，而这样的药品保险模式之所以能够在瑞典顺利实施，是以该国完善的社会保障体系为基础的。具体而言，首先，在健全的社会保障体系之下，药品事故导致损害的很多部分已经被包括在社会保障的范围中了，而这部分会被排除在集团保险的承保范围之外，如此，即便发生大规模药品事故，保险人也不会面临过高的承保负担。其次，正是由于保险公司不会面临过重的理赔负担，根据保险费率计算的保费也不会过高，因此，虽然是自愿加入，但瑞典的药品企业基本加入了集团保险。

可以看到，药品保险制度之所以能在瑞典取得良好的社会效果，核心基础在于瑞典健全的社会保障体系，在社会保障体系尤其是社会医疗保障的支持下，集团保险既能够有效地救济有需要的受害人，也不会面临过大的赔付负担。相比之下，我国社会发展的现状有所不同：其一，我国近年经济发展迅速，国家救济能力也得到了大幅提升；其二，我国的社会保障水平仍相对较低，未达到发达国家全民高福利的水平；其三，我国人口众多，虽然可以建立起总额较大的救济基金，但人均基金仍然有限。在这样的国情之下，一方面，我国不具备建立瑞典式的药品事故集团保险制度；另一方面，我国可以建立药品损害救济基金，但只能作为补充，而不能承担大部分损害。与此同时，当经济发展到一定水平，社会福利水平又相对不高的情况下，可以思考强制责任保险模式的可行性。

二、我国已积累实行强制责任保险的丰富经验

我国《保险法》规定，只有法律和行政法规才可以规定强制责任保险。目前，我国在部分特殊领域构建了强制责任保险制度，主要包括环境保护、道路交通安全、建设工程、道路客运等领域，这些领域都与公众的生命、健康密切相关，这一点与药品具有共通性。上述领域的强制责任保险制度的实施也为其他领域强制责任保险的构建积累了一定的经验。

（一）机动车交通事故责任强制保险

我国的机动车交通事故责任强制保险有以下特点：其一，由法律明确提出实施，由行政法规制定具体规则。《道路交通安全法》提出要实施机动车交通事故责任强制保险，依据上述规定，国务院制定《机动车交通事故责任强制保险条例》，为机动车交通事故责任强制保险的具体实施提供依据。其二，设置责任限额。只保除本车人员、被保险人以外的受害人的人身和财产损害。其三，只能由保险公司作为保险人，而不包括其他任何单位和个人。这一点系 2016 年 2 月 6 日国务院发布的《关于修改部分行政法规的决定》中的新增规定。其四，保障水平不断提高。2020 年 9 月 2 日，中国银行保险监督管理委员会发布《关于实施车险综合改革的指导意见》，提升交强险保障水平，提高各项保障的赔偿限额。其五，设置道路交通事故社会救助基金作为补充。在机动车交通事故责任强制保险以外，我国还设置了道路交通事故社会救助基金作为补充，以保障受害人在无法按照交强险机制获得赔付时，通过救助基金及时得到救济。多年来，机动车交通责任事故强制保险的实施在救济交通事故受害人方面，发挥了不可替代的良好作用。

（二）承运人责任强制保险

机动车交通事故责任强制保险只保除本车人员及被保险人以外的其他受害人，且设置了较低的赔偿限额，只能满足最基本和最迫切的救济需求，而由于交通运输的高危性，我国还规定了承运人责任强制保险。承运人责任保险，是由从事运输的承运人投保的，以其在业务运营过程中发生意外事故而依法应当承担的经济赔偿责任作为保险标的的保险。《道路运输条例》第35条规定："客运经营者、危险货物运输经营者应当分别为旅客或者危险货物投保承运人责任险。"该规定是我国实行承运人责任强制保险的依据。2013年交通部（已撤销）和保监会（已撤销）联合下发的《关于做好道路运输承运人责任保险工作的通知》完善了承运人责任保险的各项具体规则，细化到了保险责任限额中的客运每座责任限额、每车每次限额、货运货物损失限额、第三者责任限额等内容，为承运人责任保险的实施提供了充分的依据。

（三）旅行社责任强制保险

旅行社责任保险的保险标的是应由旅行社承担的旅游者的人身和财产损失，该项保险是随着旅游活动的蓬勃发展而逐渐发展起来的。在2001年前，我国旅行社责任保险还处于萌芽阶段；2001年到2010年，随着旅游活动的兴起，理论和实务界都开始重视旅行社责任保险的重要性，但是在这一阶段，相关制度和规则还不完善；2010年国家旅游局（已撤销）通过《旅行社责任保险管理办法》，旅行社责任保险正式成为一种强制责任保险，在全国范围内快速发展。

（四）环境污染责任强制保险

环境污染责任保险是以被保险人因在其经营活动中发生意外事故导致对周边环境的污染后果而依法应当承担的经济赔偿责任为保险标的的责任保险险种。我国的环境污染责任保险制度是先通过试点的形式逐步展开，后制定具体的规则和办法。环境污染责任保险的试点起步于2007年；2013年首次提出要开展环境污染责任"强制"保险；2017年，环境保护部（已撤销）和保监会联合研究制订了《环境污染强制责任保险管理办法

（征求意见稿）》；此后环境污染责任强制保险的试点工作也在全国各地展开，例如，2021 年《深圳市环境污染强制责任保险实施办法》正式实施，明确环境高风险企业必须投保环境污染强制责任保险。通过长期的试点和探索，我国环境污染责任强制保险的实施取得了成效，但也存在不足，在保险定价、费率计算、承保范围、保险限额等方面都还须进一步完善。

总体而言，瑞典的药品保险模式以高福利的社会保障为依托，既能通过保险的形式弥补侵权法的不足，使得受害人得到及时的救济，又不至于给保险造成过重的理赔负担，有助于保险自身的可持续发展。德国的强制责任保险则以严格的归责原则为特色，通过对发展风险免责的否认，加重了被保险人的责任，以最大程度保护受害者。两种模式以不同的特色维持了自身的良好发展，但基于我国的国情和已有经验，德国式的强制责任保险模式更为适宜。

第三节　药品责任保险"任意"与"强制"模式之比较

一、任意保险在药品损害救济上的失灵

根据现代经济学理论，在完全竞争的市场机制中，在经济主体的自由行动下，所有的资源都能得到最优的配置，然而，在现实中几乎不存在真正完全竞争的市场，市场经济表现出的局限性被经济学家们称为"市场失灵"。信息的不对称是市场失灵的主要原因，在保险市场中，信息不对称可能导致柠檬市场及道德风险。正因为市场这只"无形的手"存在失灵的可能性，政府这只"有形的手"在必要的时候就要出来发挥经济调控的职能。政府发挥调控职能的手段主要包括制定政策和法律，也包括政府为达到一定目标而采取的协调和组织经济活动的各种方式。强制责任保险是政府对经济进行微观监管的手段之一，目的就是在任意责任保险失灵的时候，有效救济侵权责任中的受害人，并维持侵权企业的良好生存，以实现经济的可持续发展和社会稳定。

在药品领域，任意责任保险可以减轻因药品损害的外部性对受害人造成的损害，以及药品损害相关责任人的赔偿负担。然而，在过去，药品相关的生产和经营主体投保责任保险的意愿并不强烈，以至于一旦发生严重的药害事件，责任主体往往难以承受巨额的赔偿压力。究其原因，主要在于药品缺陷责任主体的复杂，药品缺陷可能发生在设计、制造、仓储、销售任一环节，不同的环节有不同的责任主体，不同主体之间又存在着严重的信息不对称，在真正发生药害事故之前，各主体都未建立起对药品安全进行全程管理和监督的责任感，自然也不会有强烈的投保意愿。申言之，由于主体的复杂性和信息的不对称，任意责任保险在药品市场出现了失灵。

正是因为任意保险市场的失灵，国务院办公厅于 2016 年 5 月印发《药品上市许可持有人制度试点方案》，该方案规定，申请成为药品上市许可持有人应提交相应的资质证明文件和药品质量安全责任承担能力相关文件，包括责任承诺书、担保协议和保险合同等。2019 年新修订的《药品管理法》全面规定了药品上市许可持有人制度，国家对药品管理实行药品上市许可持有人制度。药品上市许可持有人依法对药品研制、生产、经营、使用全过程中药品的安全性、有效性和质量可控性负责。上述规定虽没有明确规定药品上市许可持有人必须投保药品责任强制保险，但是，一方面，药品上市许可持有人须全程为药品安全负责，具备成为药品责任强制保险投保主体的条件；另一方面，上述规定明确要求申请人提供担保或者保险合同，也为药品责任强制保险的全面实施提供了经验。不仅是我国，即便在保险市场发展更为充分、保险意识更为强烈的发达国家，由于任意保险的失灵，政府也倾向于在一些特殊领域实施强制责任保险。

二、强制责任保险的合目的性分析

经济学学者将经济主体的行为对其他主体产生的影响分为经济行为的正外部性和负外部性，正外部性是指经济行为使得其他主体或整个社会在不承担成本的前提下受益，而负外部性则是指经济行为使得其他主体或整个社会受损，但却无人承担成本或填补损失。减少经济行为的负外部性是政府对经济进行调控的目的之一。

药品缺陷损害具有明显的外部性。首先，当下的药品损害救济主要依据民事法律规则，相关的药品缺陷认定标准使得在实务中要认定药品存在缺陷难度非常大，很多案件中的受害人因为举证不足而无法获得赔偿，或是在法院的调解中获得少量补偿，对于巨额医疗费用以及后续其他费用来说，少量的补偿只是杯水车薪。其次，药品具有产生不良反应的固有属性，对因不良反应而受到损害的药品服用人，药品上市许可持有人是不需要承担任何责任的，其中不乏严重受损的服药人。根据我国药品监督管理局2022年3月30日发布的《国家药品不良反应监测年度报告（2021年）》，仅2021年，全国药品不良反应监测网络共计收到《药品不良反应/事件报告表》196.2万份，其中严重药品不良反应/事件报告21.6万份，但是其中多数受害人没有获得任何赔偿。例如，在冉某与广州某医院、天津A药业公司、天津B药业公司医疗损害责任案中，患者冉某因患乙型肝炎先后服用天津A药业公司生产的阿德福韦酯（代丁）片与天津B药业公司生产的阿德福韦酯（贺维力）片进行抗病毒治疗。冉某服药后出现左肩、腰、颈等全身多处骨痛，自2010年9月起先后到多家医院住院治疗，最终经广东省某人民医院诊断为"包括肾小管酸中毒、钙磷代谢紊乱所致骨软化病等范可尼综合征"。诊断明确后，患者停用阿德福韦酯，经对症治疗后其肾小管疾病、骨质疏松于2012年2月痊愈。冉某主张，天津A药业公司和天津B药业公司生产的阿德福韦酯存在质量缺陷，其发生范可尼综合征等损害后果，与服用阿德福韦酯存在因果关系。法院审理认为天津A药业公司生产的代丁和天津B药业公司生产的贺维力均经国家批准，不存在质量缺陷。冉某长期服药后出现肾小管病变（范可尼综合征）、骨软化等与治疗乙型肝炎无关的有害反应，与代丁、贺维力产品说明书描述的不良反应相符，该损害后果非药品质量缺陷所致，而属于药品严重不良反应。天津A药业公司、天津B药业公司已经在药品说明书中对代丁、贺维力的不良反应作出说明和警示，对患者遭受药品不良反应不存在过错。某医院未重视药品说明书的说明和警示，未对长期服用阿德福韦酯的患者做定期的、针对性的检查与监测，未尽医务人员应尽的谨慎注意义务，存在过失。冉某服药后出现不良反应，未及时向主治医生反映，也未去某医院复诊，在长达近11个月的时间内未经某医院用药，导致某医院未能及时调整剂量或用药，冉某对药品不良反应的加重存在过失。[1]

由于药品具有治疗作用，为了激励相关主体的研发积极性，保护行业的长远发展，法律在制定相关规则的时候必须给予药品上市许可持有人等药品经营主体一定的保护。总而言之，虽然药品损害事件可能造成众多受害者的损害，但在现有的规则之下，很可能无人为此承担成本或者支付赔偿，具有明显的外部性。作为公共政策的考量，强制责任保险制度以救济受害人为宗旨，通过强制保险的方式，将药品损害救济的成本分摊到不同的主体身上，正是应对药品损害负外部性的有效手段。

三、强制责任保险的合原理性分析

商业保险合同本质上是当事人意思自治的体现，但强制保险的法律强制性体现了政府干预对契约自由原则的突破，其正当性源于立法对社会生活及科技发展的必要回应。

（一）法律强制干预的外在基础：药品领域的信息不对称

在法经济学的立场上，政府应当保持必要的谦抑性，实施强制责任保险的前提是任意责任保险的市场失灵，市场失灵主要表现为信息不对称、外部性等引起的资源配置无效率或者不公平。[2]作为市场交易主体，生产者本身之行为并不能避免外部负效应，故而当市场存在失灵或者失灵的潜在风险时，可由政府这只"有形的手"通过矫正手段实现风险的合理分担

---

〔1〕　参见《广州法院医疗纠纷诉讼情况白皮书（2015-2017）》暨典型案例之七：冉某与广州某医院、天津 A 药业公司、天津 B 药业公司医疗损害责任案。

〔2〕　参见［美］埃米特·J. 沃恩、特丽莎·M. 沃恩：《危险原理与保险》，张洪涛等译，中国人民大学出版社 2002 年版，第 100 页。

及公共利益的最大化。

信息不对称在产品领域广泛存在，而在药品领域尤为突出。药品设计者与药品生产者、药品生产者与药品销售者之间、药品生产者和医疗机构之间、药品销售者和药品使用者之间、医疗机构与药品使用者之间均存在不同程度的信息不对称。在药品侵权关系中，对于药品罕见的致害结果或者科学上未知的不良反应，往往没有经验法则可供借鉴，药品受害人难以证明损害的发生是由特定的药品导致。因此，药品有其内在风险性，有必要引入公权力，通过强制保险制度以扶助消费者、规制经营者，最终保障社会公共利益。

（二）法律强制干预的内在基础：无过错责任

在侵权法上，无过错责任是指不论行为人对于损害的发生有无过错，只要其行为侵害了他人的民事权益，造成了损害，就要承担侵权赔偿责任，适用无过错责任侵权行为的归责事由包括危险与控制力。[1]然而侵权法存在固有危机，其根源在于自身效率低下，不能充分发挥补偿和救济的功能，面临部分领地被其他制度占领的危险。[2]为了弥补这一缺陷，现代侵权法理念经历了从矫正正义到分配正义的转变，突出反映在无过错责任的产生与发展。强制责任保险的发展以无过错责任为基础，是一种善意的强制，[3]既依赖于侵权法，又能弥补侵权法补偿和救济功能的不足，契合现代侵权法的正义与人文关怀的价值理念。因此，从立法目的上看，无过错责任与强制责任保险具有内在的一致性，二者都是法律基于公共利益的特别考量。法律常针对无过错责任规定强制责任保险，例如我国的机动车交通事故责任强制保险、环境污染强制责任保险。根据《民法典》第1202条的规定："因产品存在缺陷造成他人损害的，生产者应当承担侵权责任。"在我国，产品责任属于适用无过错责任的侵权行为类型，结合前文

---

〔1〕 参见程啸：《侵权责任法》，法律出版社2021年版，第123页。

〔2〕 参见郭宏彬：《责任保险的法理基础》，机械工业出版社2016年版，第156页。

〔3〕 参见孙笑侠、郭春镇："法律父爱主义在中国的适用"，载《中国社会科学》2006年第1期。

对药品风险的分析，应当由法律为其规定强制责任保险。

（三）法律强制干预的优势：高效率的救济

从过去的经验来看，药品缺陷极易演化为"大规模侵权"。[1]"大规模侵权"具有受害范围广的特点，一方面，潜在的大规模赔偿责任将会成为药品开发和推广的巨大压力；另一方面，若大规模伤害真实发生，则可能导致药品经营企业陷入经营困难，大量受害人将无法获得及时有效的救济。在这样的情况下，责任保险可以发挥其救济受害人的功能，同时以自愿为基础的商业责任保险不能满足有效救济受害人的政策需求，通过法律或行政法规的明确规定，药品责任强制保险能够使受害人及时得到赔偿，避免出现致害人因各种原因无法赔偿而给政府带来沉重负担，广大受害者成为事故成本最大承担者的情形。这是基于受害者权益救济而构建药品责任强制保险的实质理由，体现了法的正义价值。不仅如此，在新产品的开发中，恰当的保险方案分散风险，能够为被保险人预存损失的补偿，也能为消费者提供心理上的安全感。[2]在这个意义上，对受害人高效率的救济对于整个药品产业发展具有保驾护航作用，促进消费者对新药品的接纳，从而推动进一步的产品研发与推广。

第四节 药品责任强制保险模式的疑虑及其澄清

一、政府对契约自由的干预及其限度

对于强制责任保险模式，反对论者认为该模式属于"家长式作风"，[3]干涉了主体的契约订立自由，不符合现代合同法的基本精神。在强制责任

---

〔1〕 参见熊进光：《大规模侵权损害救济论——公共政策的视角》，江西人民出版社2013年版，第40页。

〔2〕 参见［英］克拉克：《保险合同法》，何美欣等译，北京大学出版社2002年版，第105页。

〔3〕 参见［英］安东尼·奥格斯：《规制：法律形式与经济学理论》，骆梅英译，中国人民大学出版社2008年版，第52页。

保险模式中，基于对受害第三人的保护和维护社会整体的安宁等政策性、公益性目的，限制了合同主体的契约自由，但这种限制并不是无边界的。具体而言，强制责任保险既体现了政府对契约自由的干预，也设置了这种干预的限度。

反对论者对家长式作风的质疑源自 19 世纪基于自由主义和个人主义的私法观念。美国学者总结认为："采用规制干预的体系原则上要劣于完全或近乎完全依赖合同自由、私人私序和基本上不受羁束的市场。"[1]因为个人比政府更加清楚，什么方式更加符合个人的利益，个人的自由是个人自我发展的重要部分，这是政府的管理难以顾及的。[2]这种理论在国家管理和个人自由的关系上更崇尚个人自由，认为个人才能使自我利益得到最大化实现，政府应该尊重私人自治。然而，上述理论的成立依赖于两个前提性条件：其一，个人能够获取足够的信息，供他们作出更优选择，避免更差后果。其二，个人拥有足够的理性，处理信息并作出真正的理性选择。[3]但实际上，一方面，个人获得信息的能力和渠道常受到多方面的限制，信息的不对称或信息的缺失才是真正的常态；另一方面，个人的"理性"是有限的，包括他们接收、储存和处理信息的能力。[4]在前提性条件不成立的情况下，基于个人主义和自由主义的私法观念也难以被普遍接受，包含分配正义、家长主义、父爱主义等观念的法律观念得到更多的重视。事实上，现代社会的发展一直在向人们证明，不断走向工业化、信息化、数字化的社会不是完全依赖个人自由观念的社会，也不是完全不受规制的市场经济体，尤其是当社会走向更高度的信息化和数字化时，集中的

---

〔1〕［美］凯斯·R. 桑斯坦：《权利革命之后：重塑规制国》，钟瑞华译，中国人民大学出版社 2008 年版，第 12 页。

〔2〕参见［美］凯斯·R. 桑斯坦：《权利革命之后：重塑规制国》，钟瑞华译，中国人民大学出版社 2008 年版，第 39 页。

〔3〕参见［英］安东尼·奥格斯：《规制：法律形式与经济学理论》，骆梅英译，中国人民大学出版社 2008 年版，第 39 页。

〔4〕参见［英］安东尼·奥格斯：《规制：法律形式与经济学理论》，骆梅英译，中国人民大学出版社 2008 年版，第 39、40、42 页。

公共机构是不可或缺的。从历史上看，国家在私法关系的形成到消灭过程中，从来就不是一个旁观者，在调整私人关系的法律规范中，国家的强制处处可见，只是强制的性质、目的和效果不尽相同而已。[1]一方面，公共利益不能由个人来界定，需要集中的公共机构来界定；另一方面，市场失灵就是市场经济的本质特征之一。因此，在维护公共利益和维持市场发展的法律上，家长主义、父爱主义的加入是必不可少的。这一点在保险市场也不例外，尤其是强制责任保险市场。

一方面，强制责任保险限制了保险人和被保险人的缔约自由，也就是说，从事特定行为的人必须投保，相关的保险人也必须为之承保。其一，就投保义务而言，正如学者说的，其最突出的共同特征为"强制课加投保义务"。[2]不仅如此，投保人还有义务维持保险契约的有效性，有义务在保险期间届满之后续保。[3]其二，就承保义务而言，强制责任保险还包括强制课加保险人的承保义务，否则将使强制责任保险立法的政策性目的落空。学者认为，想要达成强制责任保险保护受害人之目的，保护的方法就是使得责任保险的契约成立、契约存续等程序性事项趋于简单。[4]如果只是强制义务人投保，而不强制保险人承保，仍不足以保障强制责任保险契约的达成，很难说是促使了契约成立的简易。例如，《德国强制汽车保险法》第5条第2款规定："于本法适用范围内经营汽车责任保险之保险业者，有义务依本法之规定，承保第1条所定之人之责任保险。"

另一方面，强制责任保险对契约自由的干预是有限度的。具体而言，体现在两个方面：第一，强制责任保险一般遵循无盈无亏原则，换言之，强制责任保险虽然要求保险人不盈利，但同时以保障保险人不亏损为底线，否则强制责任保险制度将无以为继。所谓无盈无亏原则的涵义有以下

---

〔1〕　参见苏永钦：《走入新世纪的私法自治》，中国政法大学出版社2002年版，第34页。

〔2〕　[德]格哈德·瓦格纳主编：《比较法视野下的侵权法与责任保险》，魏磊杰、王之洲、朱森译，中国法制出版社2012年版，第399页。

〔3〕　刘宗荣：《保险法：保险契约法暨保险业法》，元照出版公司2016年版，第528页。

〔4〕　[奥地利]伯恩哈德·A.科赫、赫尔穆特·考茨欧主编：《比较法视野下的人身伤害赔偿》，陈永强等译，中国法制出版社2012年版，第143页。

四个方面：费率结构中无利润项目、纯保险费为无盈无亏、附加保险费为无盈无亏以及财务运用所得为无盈无亏。[1]在该原则下，保险人仍有根据标准费率，结合被保险人风险而确定最终费率的自由，法律只是通过标准费率的确立限制了保险人追求利润的自由。此外，保险人可以采用弹性费率，若被保险人在某一年度未索赔，则在次年降低其费率，并以此类推，若被保险人在某一年度提出索赔请求，则在次年提高其费率。第二，强制责任保险遵循基本保障原则。强制责任保险的政策性目的，旨在为受害人提供"基本保障"（Basic Protection），[2]而非所谓"完全保障"（Full Protection）。所谓基本保障，指的是强制责任保险只承担被保险人损害赔偿责任的一部分，该部分属于受害人的基本保障需求，超过基本保障之损害赔偿责任，被保险人仍须自行负担。在基本保障原则之下，保险人仅需在责任限额内承担相应责任，而无须负担受害人全部损害。总的来说，政府、法律行业、金融服务公司和消费者组织有共同责任，确保风险能够在完全公平的情况下得到控制，从而保持风险的可保性。[3]

二、道德危险的发生及其避免

反对论者对强制责任保险提出的另一项疑虑是该模式是否会引发被保险人的道德危险，他们认为，保险破坏了部分被保险人更加谨慎作为的积极性，即当被保险人将风险转移给第三方时，他将没有动力进一步采取措施减少事故的发生，甚至疏于注意，因为事故的预防和避免往往要花费被保险人更多的时间和金钱成本，这就是强制责任保险可能引发的道德危险。在这个意义上，强制责任保险似乎就成了一个悖论。一方面，对受害人之赔偿是侵权法的重要基本原则，但侵权法同样强调预防损害的激励措

---

〔1〕 陈继尧：《汽车保险理论与实务》，智胜文化事业有限公司2006年版，第55～56页。

〔2〕 刘宗荣：《保险法：保险契约法暨保险业法》，元照出版公司2016年版，第530页。

〔3〕 Jan H. Holsboer, "Insurability and Uninsurability: An Introduction", *The Geneva Papers on Risk and Insurance*, 1995, p. 413.

施，以减少潜在侵权人制造事故之可能。[1]而另一方面，强制责任保险与任意责任保险一样，都会在一定程度上影响侵权责任法的预防功能。质言之，责任保险承担了侵权人对受害人应当承担的民事赔偿责任，破坏了侵权法上对加害人防止损害发生的激励机制。[2]故而难免让人产生疑虑，强制责任保险究竟是好的方案还是一个悖论？

然而，事实上，在风险区分制度和基本保障原则之下，道德风险并无发挥之地。首先，风险区分制度主要包括弹性费率和"风险型保费"两种方案，在弹性费率之下，被保险人支付的保险费用与他们引发事故的风险高度相关，高风险成员与低风险成员并不会被一视同仁，他们仍然有动力减少事故以降低保险费用。除此之外，风险发生率愈高的保险项目，保费负担也就愈多，[3]也就是通常所说的"风险型保费"。"通过这样一个风险的个别化过程，被保险人就会像他根本没有获得保险一般作为，从而可以避免道德危险。"[4]其次，在基本保障模式之下，被保险人仍然要为责任限额以外的受害人损害承担赔偿责任，而不是因为风险被转移到保险人身上便可高枕无忧，任由风险的发生，因此，基本保障模式也可以避免被保险人道德危险的发生。

三、保险人盈利的正当性及其限度

除却对政府干预的忌惮和对道德危险的担忧，反对论者还质疑政府企

---

〔1〕 参见［荷］威廉·范博姆、米夏埃尔·富尔主编：《在私法体系与公法体系之间的赔偿转移》，黄本莲译，中国法制出版社 2012 年版，第 11 页。

〔2〕 参见［奥地利］海尔姆特·库齐奥：《侵权责任法的基本问题（第一卷）：德语国家的视角》，朱岩译，北京大学出版社 2017 年版，第 58 页。

〔3〕 钟秉正：《社会保险法论》，三民书局 2014 年版，第 140 页。

〔4〕 ［德］乌尔里希·马克努斯主编：《社会保障法对侵权法的影响》，李威娜译，中国法制出版社 2012 年版，第 295 页。

图通过强制保险的方式，与保险经营者共同图利保险业。[1]原因在于，被保险人原本可以根据自身的情况和意愿决定是否需要通过保险的形式分散自身的风险，但是在强制保险模式下，这成为他们不得不履行的义务，而强制投保的结果必然是保险人业务的增加和政府公共支出的减少。强制责任保险从来都是基于公共目的而构建的，其核心理念是及时救济受害人，只是通过合理的制度设计，将救济的成本分散于保险人和被保险人两方，与此同时，强制责任保险的实施可以帮助政府避免陷入大规模侵权的公共救济中，而这也是公共目的题中之义。比较法上的实践表明，自20世纪初为解决道路交通事故所造成的伤害而推行机动车强制责任保险以来，为解决特定领域的特殊社会问题，政府大多"偏爱的是强制保险"。[2]因此，认为政府和保险人图利的论断，因只看到了单纯的保费增加而显得偏颇。

事实上，在强制责任保险无盈无亏的原则之下，保险经营者并不青睐该业务。历史上，机动车责任强制保险就曾经遭到美国保险业者的普遍反对，保险人对机动车责任强制保险的反对是20世纪里反复出现的早期例证。[3]保险人认为，强制保险的规定会导致政府监管部门强制其承保本不愿意承保的高风险驾驶人，而且他们还会担心自己会被禁止向此类驾驶人收取足够高的保险费。如此一来，实行机动车强制责任保险的最终后果将是，保险人必须亏本承保部分保单持有人。[4]因此，在保险业的强烈反对下，美国机动车责任保险运动的进展极其缓慢，直到20世纪60年代才有相当一部分州开始实施强制责任保险的规定。[5]在强制责任保险的发展历

---

〔1〕 江朝国："社会保险、商业保险在福利社会中的角色——以健康安全及老年经济安全为中心"，载《月旦法学杂志》第179期，第83页。

〔2〕 参见〔荷〕威廉·范博姆、米夏埃尔·富尔主编：《在私法体系与公法体系之间的赔偿转移》，黄本莲译，中国法制出版社2012年版，第63页。

〔3〕 参见〔美〕肯尼斯·S.亚伯拉罕：《责任的世纪：美国保险法和侵权法的协同》，武亦文、赵亚宁译，中国社会科学出版社2019年版，第76页。

〔4〕 参见〔美〕肯尼斯·S.亚伯拉罕：《责任的世纪：美国保险法和侵权法的协同》，武亦文、赵亚宁译，中国社会科学出版社2019年版，第76页。

〔5〕 〔美〕肯尼斯·S.亚伯拉罕：《责任的世纪：美国保险法和侵权法的协同》，武亦文、赵亚宁译，中国社会科学出版社2019年版，第76~77页。

程中，保险经营者之所以逐渐参与其中，是他们认识到参与公共制度私有化的重要性，即使不能确保盈利，只要该制度本身是由政治力量推动的，他们的财政支持、保费上升或者其他的利益因素的需求就可能得到满足。[1]商业行为的本质就是营利的，为了强制责任保险的长远发展，政府应当允许保险经营者在不盈不亏的基本原则和标准费率的前提下，通过弹性费率的设计适当盈利。

---

〔1〕[荷] 威廉·范博姆、米夏埃尔·富尔主编：《在私法体系与公法体系之间的赔偿转移》，黄本莲译，中国法制出版社 2012 年版，第 19 页。

第三章
药品缺陷责任强制保险之事故认定：
以长尾风险为视角

————————————— //// —————————————

　　不论是责任保险，还是其他类型的保险，都会设置保险期间，只对特定期间发生的保险事故承担赔付责任，因此对于保险事故的认定，是触发保险索赔与理赔的关键。一般的保险合同都会要求保险事故系在保险期间发生，对于保险事故的认定也不存在过多争议。然而，在责任保险领域，却面临长尾风险的理赔难题。所谓长尾风险，就是产生风险的原因发生在保险期间内，而损害的显现却发生在保险期间届满以后，甚至届满很久之后。长尾风险是否应当被包括在保险范围内与保险事故认定的标准息息相关，理论界和实务界对此一直存在争议。

　　相对突发性药品损害，潜伏期较长的药品损害才是药品缺陷责任强制保险中更为疑难的问题。药品损害往往因其具有的长期潜伏性而使得风险具有长尾效应，同时也可能会因为因果关系和损失范围更难确立等原因而具有相对更高的不确定性，这种不确定性增加了保险人预估风险、制定费率等事项的难度。正是因为这种不确定性，相较于其他本就难以操作的责任保险，妥当地处理药品缺陷长尾风险的理赔和索赔显得尤为重要。这一点我们可以从保险市场较为发达的美国寻找经验，美国保险法市场对于长尾风险的承保态度也经历了比较明显的变化。

第一节　对长尾风险的承保理念变化

与环境对人类健康的影响一样，药品与人类疾病之间的关联既紧密而又"神秘"，这种"神秘"集中表现的长尾风险上。在美国的保险市场上，长尾风险不断为保险事故的认定带来新的挑战，保险人一方面希望能通过调整保险事故认定标准获得更多的保单，另一方面又须在承保不确定风险的情形下保持稳妥经营。

一、以"意外事故"为导向的短期风险承保阶段

在侵权法上，侵权责任的索赔时限取决于可适用的诉讼时效期间规定。在美国侵权法的发展历程中，在固定诉讼时效期间以外，逐渐发展出时效计算的例外情形，分别是未成年人的例外和之后才发现损害的例外。例如，在许多州，以未成年人为被侵权人的侵权损害赔偿请求权，诉讼时效期间从未成年人成年开始计算；如果通过相关的研究可以确定之后所患的病、身体受的损害与之前的药品使用相关，诉讼时效期间从疾病或者伤害的显现开始起算。[1]在这样的诉讼时效起算规则之下，保险人会发现自己可能需要承担早已到期的保险合同中的赔付责任。20世纪50年代，为了避免承担多年前的保险合同中的赔付责任，也就是长尾风险所导致的赔付责任，美国的一些保险人主张，保险合同系为承保"意外事故"所导致的损害而构建，而"意外事故"指的是持续时间短的事件。换言之，这一阶段的保险只为短期风险承保，因此，在这一解释规则之下，即使接触药品导致的疾病或损害是意外发生的，但如果在很久之后才显现，那损害也并非"意外事故"导致的，不属于保险人理赔的范围。

长尾风险涉及侵权或其他导致潜在人身伤害或财产损害的行为，这些

---

〔1〕　See Michael D. Green, "The Paradox of Statutes of Limitations in Toxic Substances Litigation", *California Law Review* 76（1988），p. 965.

行为造成的伤害在发生多年后才显现出来。例如，暴露在石棉环境中，储存的危险废物慢慢渗入含水层，这些都是典型的例子。从 20 世纪中期开始，长尾风险和长尾风险的保险范围问题就引发了诸多讨论，可以说，长尾风险引发了美国侵权法、保险法的变革。美国学者总结，在一个法律由联邦和国家主导的时代，长尾责任的革命是一个例外，在这个时代，管辖侵权法和保险的法官制定的州法律规则成了核心。长尾责任革命花了几十年才发生，很大程度上是因为它是通过普通法过程发生的。伴随着许多新技术的出现，导致新的伤害和损失的普通法诉讼的发生将会是法律体系在 21 世纪可能面临的一个形势。[1]

在长尾风险时代之前，对意外身体伤害和财产损害的责任，本质上是一种突发性的侵权索赔。然而，一种不同形式的索赔开始出现，涉及药品等非耐用产品以及化学品和废物等其他物质造成的损害，这些物质有可能导致疾病而不是暴力伤害。接触这些药物或化学物质的人可能在不知情的情况下感染疾病，有时在相当长一段时间内都不知情。同样，污染造成的地下财产损害也可能发生，但在污染开始后很长一段时间内都没有被发现。当疾病或财产损害已经潜伏了很长一段时间，可能很难证明是什么原因引起的以及何时首次发生。第一例涉及这类潜伏疾病的长尾病例出现在 20 世纪 60 年代。然而，不久之后，出现了有史以来最大规模的长尾侵权案件——石棉案。接触石棉可能会立即造成肺损伤，但这种损伤通常在几十年内不会表现出可识别的症状。第一批石棉原告至少早在 20 世纪 30 年代就接触过这种物质。在过去的 70 年里，有超过 100 万起因接触石棉而造成身体伤害的索赔。[2]在接下来的几年里，发生了一系列其他大规模侵权案件，许多案件还在继续发生。其中许多涉及相对较新的药物和有用的化

---

〔1〕 Kenneth S. Abraham, "The Long-tail Liability Revolution: Creating the New World of Tort and Insurance Law", *University of Pennsylvania Journal of Law & Public Affairs*, 2021, pp. 347~348.

〔2〕 Kenneth S. Abraham, "The Long-tail Liability Revolution: Creating the New World of Tort and Insurance Law", *University of Pennsylvania Journal of Law & Public Affairs*, 2021, p. 355.

学物质，例如己烯雌酚[1]、达康盾[2]、橙剂[3]和本得克汀[4]。在每种情况下，接触药物或物质与出现所谓的疾病或损伤之间都存在长尾关系。20 世纪的制药和化学革命不仅造成了这些危害，而且在许多情况下，也为大规模侵权案件的立案提供了证据。

长尾责任具有以下特点：首先，这些案件的大规模往往是它们所涉及的长尾危害的产物，这种大规模产生的诉讼和和解方式是集体的，而不是个人的。它们的庞大使得在此类案件中很难伸张个人正义。其次，这些案件往往涉及非常高的风险，因为风险涉及的金额很大。同样出于这个原因，这些案件往往最终会达成和解，而不是通过诉讼得到判决，因为私人原告和私人被告都不愿承担风险。最后，长尾索赔通常会提出典型的难以解决的因果关系问题，这主要是因为被告所谓的侵权行为与可能由该行为造成的伤害、疾病或损害之间的时间长度有关。这三个特征结合起来有助于改变长尾损害诉讼的性质。[5]

在长尾责任中，"尾巴"越长，就越难将过去的行为与当前的伤害联系起来。如果接触某种物质导致的疾病在 20 年后只在少数不相关的人身上出现，那么几乎不可能有人能够确定这少数人接触这种物质与他们多年后感染同样的疾病之间存在因果关系。只有当有大量当事人遭受某种特定类型的伤害时，一种损害模式才会被人们发现，而这些当事人的共同特征则被认为是过去接触过某种特定物质或行为形式。这种模式及其所反映的因

---

〔1〕　参见，例如，Sindell v. Abbott Lab's, 607 P. 2d 924, 925（Cal. 1980），解释了己烯雌酚（DES）被给予原告的母亲以防止流产，后来与子宫内暴露的女儿的癌症生长有关。

〔2〕　See. , e. g. , In re N. Dist. of Cal. "Dalkon Shield" IUD Prods. Liab. Litig. , 521 F. Supp. 1188, 1190（N. D. Cal. 1981）涉及由数千名妇女提起的集体诉讼，她们声称自己被有缺陷的宫内节育器伤害。

〔3〕　See, e. g. , In re "Agent Orange" Prod. Liab. Litig. , 534 F. Supp. 1046, 1051-52（E. D. N. Y. 1982）审查由政府在东南亚使用的一种除草剂橙剂造成的损害的责任。

〔4〕　See, e. g. , In re Bendectin Prods. Liab. Litig. , 749 F. 2d 300, 301-02（6th Cir. 1984）本得克汀，一种旨在缓解孕妇晨吐的处方药，可导致出生缺陷。

〔5〕　Kenneth S. Abraham, "The Long-tail Liability Revolution: Creating the New World of Tort and Insurance Law", *University of Pennsylvania Journal of Law & Public Affairs*, 2021, p. 357.

果关系可以通过严格的流行病学来确定（如石棉）或通过不太正式的调查和认识。设计和管理长尾大规模侵权索赔的解决方案已经成为一门复杂的艺术，因此，作为特别管理人或基金管理人的个人被要求在其他情况下运用他们的技能来管理赔偿基金。

　　许多长尾责任案例更具有挑战性的特征之一是证明因果关系。"尾巴"越长，就越有可能不是被告造成了原告的伤害，而是在被告行为发生之后的某种因果力量造成了部分或全部伤害。涉及长尾责任的案件产生了大多数关于因果关系证明的创新理论，这些理论现在已成为侵权普通法的一部分。长尾案件中的原告面临着既要证明"一般"因果关系又要证明"具体"因果关系的挑战。也就是说，必须有证据既证明与被告相关的药品可以导致相关疾病（一般因果关系），又须证明该物质确实导致特定原告的相关疾病（特定因果关系）。原告还经常面临指认对他们的特定伤害或疾病负责的特定被告的挑战，这就是"不确定被告"的问题。[1]长尾索赔中因果关系要素构成的挑战产生了最重要的理论创新，该理论涉及确定若干当事人中哪一方实际上造成了特定原告的伤害或疾病——"不确定被告"问题。也就是说，有时可以同时证明一般的和具体的"因果关系"，但证明对任何特定原告造成损害的物质负责的一方或多方的身份是一项挑战。例如，在几十年的时间里，许多企业制造或使用含有石棉的产品，原告可能难以证明他们接触石棉的特定来源，或者可能从一个以上的来源接触石棉。同样，也有不止一家公司在销售安胎药剂己烯雌酚（DES）。己烯雌酚案件的原告都是在怀孕期间服用过己烯雌酚并生下最终患上癌症的婴儿，她们几乎总是无法确定是哪家公司出售给她们母亲多年前服用的己烯雌酚。解决不确定被告问题的新方法，主要在己烯雌酚案件中采用，是市场份额责任。根据这一原则，在原告母亲怀孕期间出售己烯雌酚的被告应按其市场份额的比例对原告的损害承担责任。

　　总之，长尾风险造成的损害引发了一种新的诉讼，通常涉及大量索赔

---

　　〔1〕　Kenneth S. Abraham, "The Long-tail Liability Revolution: Creating the New World of Tort and Insurance Law", *University of Pennsylvania Journal of Law & Public Affairs*, 2021, p. 362.

人、高风险和因果关系证明困难的问题。这场诉讼产生了新的实践和新的法律学说，其中许多不仅影响到长尾诉讼，而且影响到一般的侵权责任。

二、以"损害事故"为导向的长期风险承保阶段

在以"意外事故"为导向的短期风险承保阶段后，长尾责任保险产生了一场意义重大的保险"危机"，美国19个州一起针对保险业提起反垄断诉讼，指控涉及长尾责任保险的阴谋，一路打到最高法院，并产生了管理保险业合作制定标准形式保险单的开创性规则。法院不仅创造了一个全新的保险法理论体系，而且还创造了新的概念，如保险的"触发"和保险责任在多个触发保单之间的"分配"。总体来说，由于长尾责任的特殊性，保险法理论、实践和保险市场都经历了重要的变化。

20世纪50年代末，不同于美国保险人对"意外事故"概念的解释和运用，伦敦的保险人开始以"损害事故"为核心解释保险事故，其所承保的风险不仅包括意外事故所导致的损害，也包括长期风险所导致的损害，这种保险正是被保险人所需要和期待的。此后，美国的保险公司也加入了这种以"损害事故"为赔付要点的保险竞争中来，以"意外事故"为导向的短期风险承保阶段过渡为以"损害事故"为导向的长期风险承保阶段。自此之后，更多的美国企业通过购买责任保险来保护自己免受侵权和其他形式的民事责任。标准的责任保险保单都明确承保在保险期间的人身伤害或财产损害，无论损害的原因在何时发生。例如，1960年的保险合同，在该合同保险期间发生了造成人身损害的风险事件，但这种损害直到1970年才被发现，保险人依然对此承担赔付责任。

一开始，美国的保险公司并未预计到对长尾风险的承保将会造成多大的财务负担。首先，在此期间，保险人有理由期望受到诉讼时效的影响，即对长期潜在伤害或损害提起诉讼的权利。由于适用的时效期通常从原告伤害或损害开始发生之日起算，即使尚未发现该损害，长期等待索赔通常也会超出法律允许的起诉期限。只有在20世纪60年代，对未发现的伤害

或损害的诉讼时效的司法和法定例外越来越多，保险公司才会觉得这种保护正在消失。其次，在1970年之前，很少有诉讼指控任何形式的长尾责任。保险公司可能认为，如果投保人不承担长尾损害责任，那么他们的责任保险公司就没有承担长尾责任的风险，而且这些保险公司不需要制定详细说明不同形式的长期潜在损害对责任范围影响的保险单语言。最后，在此之前，很少有大量保险事故发生在保险期间内，而在保险期间结束后同时提起索赔，因此，保险公司似乎没有预见到，他们的保单可能涵盖保单期间发生的人身伤害或财产损失的责任，但直到多年后才被实际发现，并且数量可能是庞大的。与突然发生的"事故"所造成的伤害相比，持续、长期暴露在有害条件下更容易造成人身伤害或财产损失，而这种伤害在相当长的一段时间内不会显现出来。这是因为，与突发事件相比，这种暴露更可能导致隐性疾病，突发事件往往是暴力的，因此容易造成公认的伤害。

然而，对长尾风险的承保，也给保险人的经营带来了诸多不确定因素。首先，经济的发展使得影响民事责任的经济因素变得更加复杂，费率的准确厘定也变得越来越困难。其次，经济的发展也带来了新产品的爆发式增加，在"损害事故"条款下，保险人开始面临大量的长尾责任理赔。以药品的发展为例，在所有的产品中，新药品数量的增加尤其明显，由于无法充分了解新产药品可能导致损害的概率和严重性，损害的成本因而变得更加难以预测。例如，美国大多数法院主张，每一份在人身损害持续多年发生的期间内有效的保单，只要在人身损害发生期间内有效的保险合同，都可以因损害事故的发生而被触发，不论是原因发生期间的保险合同，还是损害结果发生期间的保险合同。后来的事实证明，损害持续多年的情形远远多于预期，包括石棉责任在内的大规模长尾风险的出现，给保险业造成了严重的财务负担。

出于对难以预计的长尾风险赔付责任的担忧，受整体经济下滑的影响，20世纪80年代，美国的保险人试图通过将保险合同中的由损害事故引发的赔付转变为索赔请求引发的赔付来减轻索赔的长尾性。索赔保单的承保范围是指在保单期间对投保人提出的索赔（通常是诉讼），无论索赔中声称的人身伤害或财产损失发生在多长时间之前。投保人在保单年度内开始遭遇长尾责任索赔的索赔保险人可以预测后续保单年度内继续发生的索赔的严重程度，并相应提高保费或完全排除该特定类型诉讼的承保范围。与损害事故触发保险相比，索赔请求触发的保单将不确定责任和保险范围未来的部分风险转移给投保人，投保人因此承担了比以前更多的长尾责任风险。换言之，不同于以损害事故为导向的保险合同，以索赔请求为保险事故触发点的保险合同，要求受害人的索赔请求必须在保险期间内提出，这样一来，保险人就不必再担忧过多的长尾责任理赔负担。然而，美国的保险管理机构虽然允许保险公司销售该种以索赔请求为保险事故出发时点的合同，但并未允许其全面取代过去的损害事故型保险合同。

以医疗事故保险的改革为例，在 20 世纪 70 年代中期，发生了医疗事故责任保险的"危机"，医疗事故经常涉及长尾责任，因为医疗事故造成的伤害可能在一年内发生，但几年后才显现出来。此外，传统上，在受伤儿童达到成年年龄之时，时效法才开始生效。即使在儿童受伤发生时发现了该伤害，也可能需要很多年才能提起并解决指控该伤害责任的诉讼。由于医疗事故保险是以事故为基础的，在 20 世纪 60 年代末和 70 年代初，诉讼率上升，随之而来的是长尾索赔的增加。医疗事故的保险费相应地急剧增加，在保险周期的某个时刻，保险费率无论如何都可能会显著增加。医疗事故责任保险公司随后提议从事故转移到索赔承保范围，这一举动令医生感到震惊。医生的担忧自然在许多州引发了公众的争议，医生代表和医疗事故保险公司都向州立法机构寻求救济。立法机构颁布了一系列重大的保险改革，包括授权设立医生所有的共同责任保险公司。更重要的是，州立法机构对侵权责任进行了改革，打破了将侵权法原则的控制权留给法院的历史模式。最主要也是最经常采用的改革是对医疗事故案件中可能获得的损害赔偿金额设定上限。改革之后的医疗事故保险主要以索赔为基础，这使得医生们不得不在退休之后仍然购买医疗事故责任保险，以应对医疗方面的长尾风险。在过去以损害事故为触发的保险机制中，这是完全不必要的。

长尾风险在美国侵权法和保险法中产生了深远的影响，并在许多方面产生了根本性的变化。随着法律实践、保险市场和保险机构调整以应对这些变化，人们从许多方面感受到了这些法律变化的后果。在很大程度上，长尾风险是 20 世纪上半叶发生的工业活动以及化学和制药进步的遗留问题。这两种进步都造成了潜在的人身伤害、财产损失和环境污染，最终导致了新的责任形式、新的保险法和新的责任保险形式的产生。

第二节　药品长尾风险的索赔基础

一、药品损害的潜伏特性

由于导致损失的风险事故与损失确定、被保险人提出索赔和保险人进行理赔之间存在一个较长的时滞过程，损失的事故发生、索赔行为和理赔行为三者在时间上也会分离，因此，长尾风险既可能增加受害人的索赔难度，也可能使保险人无法准确预计保险产品可能造成的潜在伤害，给保险人的稳健经营和风险管控带来不确定性。在药品所导致的损害中，通常从"患"病到发病都有一定的时滞过程，部分患者的最终确诊可能长达几年甚至几十年，药品损害的潜伏特性成为其所导致的长尾风险的索赔基础。

美国法上的己烯雌酚安胎剂案是药品作用长期潜伏后产生损害的典型案件。20 世纪 40 年代，美国药品市场出现了一种含有人工合成激素己烯雌酚的安胎剂，主要作用是预防流产，截至 20 世纪 70 年代，全美有近两百个厂家生产过己烯雌酚安胎剂。随着科学技术的进步，己烯雌酚安胎剂被发现存在严重的副作用，并且这种副作用主要体现在服药孕妇所产下的女性下一代身上，成千上万的妇女罹患癌症，而她们的母亲在孕期都服用了上述安胎剂。在 Sindell v. Abbot Laboratories 案中，原告 Sindell 成年后罹患癌症，她的母亲在怀孕期间服用了己烯雌酚安胎剂，因此诉被告药品侵权，但她无法举证母亲所服用的己烯雌酚安胎剂的具体生产厂家，于是协同其他受害人一起将生产该药且市场占有率达 90% 以上的 5 家药厂列为共同被告。一审法院认为，原告的证据无法证明谁是确切的被告，因此驳回了原告的起诉。二审法院审理认为，根据风险收益原则，由于是多名原告共同起诉，被告在己烯雌酚安胎剂市场所占的份额越大，其将涉案药品卖给其中一名受害人的可能性就越大，因此，以严格责任为基础，被告根据自己所占的市场份额来承担相应比例的责任。被告不服二审法院的判决，向加利福尼亚州最高法院提出上诉，该法院支持了二审判决，认可了依据市场份额所划分的责任。审理该案的法官指出，之所以在药品缺陷损害赔偿案中适用市场份额责任，是因为药品缺陷所造成的损害具有潜伏性和延续性，甚至代代相传，经过长久的时间之后，原告的举证负担过重。

虽然上述判决较好地维护了受害人的利益，实现了实质上的正义，但以市场份额为依据判被告承担责任，其现实基础是判例法制度，即便是在判例法制度下，原告也是经历了漫长的诉讼程序才获得胜诉判决。然而，一方面，这样的判决在成文法国家是很难实现的，另一方面，漫长的诉讼程序也不利于及时救济受害人，更好的方式仍然是在事前通过保险制度对药品的风险进行分散。而由于药品损害的潜伏性，对于药品所产生的损害，只要实际使用药品的时间发生在保险期间内，不论发生损害的时间是在保险期间内还是保险期间外，保险人都应当承担相应的保险责任。因为长尾风险的本质就是难以预测风险什么时候到来。例如，基因治疗和生物制品的使用正在迅速取代化疗来治疗各种形式的癌症。尽管临床上进行了旨在检测此类新疗法不良副作用的测试，但测试往往无法检测其可能在很久以后发生的风险，这是长尾风险的本质。我们不可能花二三十年的时间来等待，看看一种有望挽救生命的新疗法或药物是否会导致一小部分从新疗法或新药物中受益的人受到伤害。短期动物研究旨在预测人类的长期影响，但不能完全成功。随着新基因和其他分子水平疗法的使用速度加快，长尾效应是否会伴随着它们，仍然是一个悬而未决的问题。

二、药品责任的诉讼时效规则

药品责任强制保险以民法上药品责任的存在为基础，而我国药品责任的诉讼时效主要规定在产品责任相关制度中。产品责任中的诉讼时效是指受害人要求生产者、销售者承担责任的时效期间。根据《民法典》第188条规定，民事权利的普通诉讼时效期间为 3 年，最长诉讼时效期间为 20年。在此之前，《产品质量法》第 45 条第 1 款规定，因产品存在缺陷造成损害要求赔偿的诉讼时效期间为 2 年。第 2 款规定："因产品存在缺陷造成损害要求赔偿的请求权，在造成损害的缺陷产品交付最初消费者满十年丧失；但是，尚未超过明示的安全使用期的除外。"虽然相对于《民法典》，《产品质量法》是特殊法，但《产品质量法》是根据原《民法通则》第 136 条而制定的，即出售质量不合格的商品未声明的，诉讼时效期间为 1 年。换言之，基于产品的特殊性，《产品质量法》在《民法通则》的基础上延长了产品责任的诉讼时效期间。如今，《民法通则》已失效，《民法典》将普通诉讼时效期间统一为 3 年，基于《产品质量法》保护消费者的立法目的，根据新法优于旧法的原则，药品责任的诉讼时效期间应适用《民法典》的新规定，即普通诉讼时效期间为 3 年，最长诉讼时效期间为 20 年。因此，即便受害人提出索赔时已经过了保险期间，但只要依据诉讼时效规则，受害人的损害赔偿请求权仍在诉讼时效期间内，且受害人使用药品的时间在保险期间内，保险人仍然应当承担相应的责任。

第三节　药品长尾风险的理赔规则

一、保险事故的认定

正如长尾风险在美国责任保险中所引发的保险事故触发了规则的变革，在药品责任保险中，长尾风险发生的频繁性决定了保险事故认定的困难性。我国《保险法》第 16 条第 7 款规定："保险事故是指保险合同约定的保险责任范围内的事故。"

保险期间作为保险费用的重要影响因素之一，保险事故承保的时间范围决定了保险人对保险事故承担给付义务与否，保险人承保的危险和危险造成的损害原则上都应当发生在保险期间之内。[1]不同于一般的财产保险中危险发生和损害后果发生的同步性，药品责任强制保险中长尾风险事故更加复杂。长尾责任中风险的发生与损害后果的显现常常具有很长的时间间隔，究竟是危险的发生、损害后果的显现还是受害人提出索赔的请求才是合理的保险事故触发标准呢？学界莫衷一是，代表性的观点包括"期内发生式"，也就是前述美国法上的损害事故标准，以及"期内索赔式"，即美国法上的索赔请求标准。对此，我国《保险法》并未作出明确规定。

在 R. T. Vanderbilt Company, Inc. v. Hartford Accident and Indemnity Company 案中，原告 Vanderbilt 是一家康涅狄格州的公司，从事各种化学和矿物产品的开采和销售。在过去的几十年里，在美国各个司法管辖区都有对范德比尔特提起的诉讼，共计数千起。这些诉讼声称该公司开采和销售的滑石和二氧化硅含有石棉并引起了与石棉暴露有关的疾病，如间皮瘤、石棉肺及其他与石棉有关的疾病。康涅狄格州上诉法院详细讨论了因第三方索赔而引起的与石棉相关的长尾风险保险纠纷法律规则。法院认为要评估各方在石棉长尾责任诉讼方面的义务，首要任务是确定什么事件触发了保险事故。初审法院的结论是，遵循先例，从索赔人首次接触石棉之日起有效的每份保险单，直到索赔人表现出与石棉有关的疾病之日（通常是几十年后）都存在保险责任。而上诉人认为只有当投诉人的病情变为恶性时，当时有效的保单才能承担一部分责任和诉讼相关费用。保险触发是法院用来确定事件是否以及何时可以认定为保险事故。根据保单的简单语言，保险公司仅对保单生效期间遭受伤害的费用负责。就常见的第三者责任索赔而言，例如房屋责任、狗咬伤和机动车事故，在保险事故触发方面通常毫无疑问。相比之下，对于石棉相关疾病等进行性、长潜伏期伤害，初审法院承认，要准确定所称伤害发生的时间以及因此是否触发任何特定责任保险的承保要困难得多。首先，石棉暴露与各种不同的疾病有关——石棉肺、间皮瘤和肺癌等——每种疾病都有不同的病因、症状和进展过程。在

---

[1] 参见温世扬、姚赛："责任保险保险事故理论的反思与重建"，载《保险研究》2012 年第 8 期，第 61 页。

一项基本诉讼中，索赔人可能声称接触石棉导致了不止一种疾病，或者可能没有具体说明所称伤害的确切性质。因此，通常很难评估任何特定案件中据称的伤害是在什么时候开始的，几乎不可能在数千个基本案件中一概而论。其次，石棉相关疾病的潜伏期可能非常长。例如，间皮瘤可能直到暴露后40年或更长时间才会显现出来。此外，许多患石棉相关疾病的人在几年或更长时间内反复暴露于多种石棉来源。这使得当疾病被确诊时，很难合理估计暴露在超过毒性阈值水平的石棉中的实际日期。如果不法行为造成的伤害与该伤害以可确定的损害之间表现出有很长的间隔，则确定保险触发事件发生的时间问题尤其严重。最后，也许也是最重要的一点，原发性石棉相关疾病的病因很复杂，尚未完全了解。因此，在指控石棉相关疾病的案件中确定触发哪些保险单时，需要法院回答两个问题：第一，伤害发生在什么时候？例如，如果假设受害人在第1年吸入石棉粉尘，随后经历一系列与石棉相关的基因突变，在第15年发展为潜伏性恶性肿瘤并在第20年开始出现症状时被诊断出患有石棉相关肺癌。下列哪一时段的保险单将被触发：①受害人首次接触石棉的第1年（暴露或初始暴露理论）；②第15年，当恶性肿瘤出现时（事实伤害理论）；③第20年，当疾病出现并被诊断出来时（表现理论）；还是④从第1年到第20年都可以（连续或多重触发理论）？第二，这个问题应该由复审法院作为法律问题解决，还是由事实审理者作为医学事实问题解决？[1]

上述与石棉长尾风险相关的保险事故认定难题同样也存在于药品缺陷损害事故的索赔与理赔中。对于药品长尾风险，从保险人的角度考量，宜采用期内索赔式标准来认定保险事故的发生，以避免处理大量保险合同早已到期但被保险人却提出索赔的案子，也减少给保险人的稳健经营和风险管控带来的不确定性。保险产业在厘定药品缺陷责任强制保险具体保费的

---

[1] See R. T. Vanderbilt Company, Inc. *v.* Hartford Accident and Indemnity Company, 171 Conn. App. 61 156 A. 3d 539（2017）.

过程中会不可避免地遇到各种预测错误，[1]药品损害的长尾效应直接导致的后果是保险公司将面临大量已发生但未报告案件，这就要求保险公司在厘定保费时必须考虑对此风险的额外评估。保险人对风险预估的不足，导致保费不能反映真实的市场需求，不利于保险市场的可持续发展。与此同时，从受害人的角度考量，宜采用期内发生式标准来认定保险事故的发生。申言之，在药品缺陷责任强制保险制度中，由于药品风险的长尾性，保险事故的认定规则对当事人产生的不同影响比其他类型的责任保险更加明显，而基于药品缺陷责任强制保险制度的立法目的，对受害人的保护是第一位的，应当采用更加有利于受害人的期内发生式标准来认定保险事故的发生。保险人的经营风险则可通过赔偿限额、赔偿项目清单等其他相关配套措施来控制。需要明确的是，由于药品损害的潜伏性，患者使用药品的时间通常在保险期间内，实际发生损害的时间却可能更晚。因此，在药品缺陷责任强制保险中，期内发生式的标准并不是指损害的实际发生时间，而是指药品的实际使用时间，即只要受害人是在保险期间内使用的该药品，不论实际的损害是发生在保险期间内，还是保险期间外，都属于在期内发生。

二、保险责任范围的确定

保险责任范围，为责任保险的保险人作出赔付的基础和依据。[2]有学者提出，保险责任范围主要取决于责任保险合同的约定，例如机动车责任保险合同可以约定被保险机动车的每次事故赔偿限额、免赔额以及除外责任等事项，以限定保险责任的责任范围。[3]若责任保险合同对保险责任范围没有作出明确约定的，除非法律有特别规定，保险人应当承担填补损害

---

[1] 扬帆：《风险社会视域中侵权损害赔偿与责任保险的互动机制》，中国社会科学出版社2016年版，第54~55页。

[2] 邹海林：《保险法学的新发展》，中国社会科学出版社2015年版，第458页。

[3] 参见吴庆宝主编：《保险诉讼原理与判例》，人民法院出版社2005年版，第291页。

的责任，[1]也就是被保险人对受害人应负的所有赔偿责任。具体而言，产品责任保险的保险责任范围可以分为两项：

一是在保险期间内，被保险人因其产品发生事故造成他人的人身和财产损害而应负担的民事损害赔偿责任，包括受害第三人所受的实际损害和所失利益的责任。该项责任以产品存在缺陷，被保险人须因此负民事上的赔偿责任为前提。值得注意的是，被保险人承担的赔偿责任须经保险人同意而达成的和解或者法院判决来确认。我国司法实践中认为，当被保险人和其他共同侵权人造成他人损害而应当承担连带赔偿责任时，被保险人已履行了全部赔偿义务的，保险人应在保险限额内向被保险人全部理赔，保险人在理赔后可以就连带超额之部分实施追偿。[2]

二是被保险人为产品事故所支付的诉讼、抗辩费用及其他经保险公司事先同意支付的费用。[3]需要说明的是，被保险人的抗辩费用并非法律强制性规定的赔付费用，可以由保险人和被保险人在合同中约定排除。而法律之所以没有将保险人负担抗辩费用列为一项强制性规定，是基于平衡保险人和被保险人利益，维护整个责任保险之良性发展。一方面，在保险实务中，由于诉讼程序的复杂和漫长，潜在的抗辩费用甚至可能高于约定的保险金，若强制要求保险人负担全部抗辩费用，在个案中可能会导致不公平的结果。另一方面，由于风险的增加，这可能间接导致保险费大幅提高，从而妨碍全体投保人利用责任保险分散风险。[4]

作为产品责任保险的一种类型，药品责任强制保险在对长尾风险承保时，保险范围应不同于普通的产品责任保险。首先，不同于其他产品既可能作用于人身，也可能作用于财物。药品仅作用于人身，因此，药品损害只包括因药品缺陷造成药品使用者的人身损害，而不包括财产上的损害。也就是说，药品缺陷责任强制保险是在保险期间，被保险人生产、销售的

---

〔1〕 温世扬主编：《保险法》，法律出版社 2016 年版，第 258 页。

〔2〕 温世扬主编：《保险法》，法律出版社 2016 年版，第 258 页。

〔3〕 参见樊启荣编著：《责任保险与索赔理赔》，人民法院出版社 2002 年版，第 238 页。

〔4〕 温世扬主编：《保险法》，法律出版社 2016 年版，第 258 页。

药品发生损害，造成药品使用者人身伤害的，保险人在保单规定的赔偿限额内予以赔付。其次，与其他类型产品相同的是，被保险人为药品损害所支付的诉讼、抗辩费用及其他经保险公司事先同意支付的费用，保险人同样应负责，尤其当发生长尾风险时，诉讼程序往往更加漫长繁复，被保险人需为此付出大量的时间与金钱成本。

第四章

药品缺陷责任强制保险之目的实现：
以直接请求权为中心

———— ////　————

第一节　第三人直接请求权的立法沿革及裁判困境

有学者指出："法谚云：'目的是所有法律的创造者。'不仅如此，目的其实也是法律的检验者。规范目的的确认以及法律效果的合目的性是一个法律规范维持其正当性的必要要件。"[1]药品责任强制保险的立法目的是更加及时、有效地救济受害人，而赋予受害第三人直接请求权是帮助第三人便捷索赔的有效途径，正如理论界对我国机动车交通事故责任强制保险中第三人直接请求权的热议。申言之，受害第三人的直接请求权问题是关乎强制责任保险制度目的实现的核心议题。本节将以我国机动车交通事故责任强制保险中的受害人直接请求权为观察对象，梳理其立法沿革及裁判困境，以论证在药品缺陷责任强制保险中赋予第三人直接请求权的必要性。

一、立法沿革

我国关于责任保险中受害第三人直接请求权的立法和相关司法解释历经了从强制责任保险与任意责任保险的区分到统一这两个阶段。

––––––––––––

[1]　叶启洲：《保险法专题研究（一）》，元照出版公司 2007 年版，第 252 页。

首先是区分阶段。在这一阶段，我国《保险法》并未就责任保险第三人直接请求权作出明确规定，但 2006 年 7 月 1 日起实施的《机动车交通事故责任强制保险条例》引起了学界关于第三人直接请求权的讨论，实务中也有法官以该条规定为依据，认为我国法律赋予了第三人直接请求权（详细案例分析可见下文）。该条例第 31 条第 1 款规定，保险人在保险事故发生之时，可以向被保险人赔偿保险金，也可以直接向受害人赔偿。有学者认为，该条例虽然将选择赔付对象的权利交给了保险人，但可以认为这是第三人不完全的直接请求权的建构。[1]本书认为，虽然基于该条的规定，保险人可以直接向受害第三人赔付，但这只是赋予了保险人选择赔付对象的权利，与赋予第三人直接请求权仍存在本质的区别，因此，不能据此认为在机动车交通事故责任强制保险中，受害第三人拥有直接请求权。此外，在这一阶段，法律未针对任意责任保险作出相关规定。

其次是统一阶段。2009 年修订的《保险法》第 65 条规定，在符合两个前提条件下——其一是被保险人对第三者应负的赔偿责任须确定，其二是被保险人怠于请求——受害第三人享有直接请求权。该条既适用于强制责任保险，也适用于任意责任保险。有学者认为该款规定确立了责任保险中受害人第三人附条件的直接请求权。[2]2012 年最高人民法院《关于审理道路交通事故损害赔偿案件适用法律若干问题的解释》第 16 条规定，受害人可以同时起诉侵权人和保险人，赔付顺序依次是机动车交通事故强制责任保险的保险人、任意责任保险的保险人、侵权人，从程序上肯定了受害第三人的直接请求权。2018 年最高人民法院《关于适用〈中华人民共和国保险法〉若干问题的解释（四）》第 15 条对《保险法》第 65 条中的"被保险人怠于请求"作了进一步解释，设定了四个前置条件，即被保险人对受害人应负的赔偿责任确定、被保险人不履行赔偿责任、受害人已经起诉保险人或者同时起诉保险人和被保险人，以及被保险人仍未向保险人

---

〔1〕 张力毅："交强险中受害人直接请求权的理论构造与疑难解析——基于解释论的视角"，载《法律科学（西北政法大学学报）》2018 年第 3 期，第 111 页。

〔2〕 于海纯、傅春燕编著：《新保险法案例评析》，对外经济贸易大学出版社 2009 年版，第 53 页。

提出请求。总体而言，在这一阶段，根据我国《保险法》第 65 条的规定，责任保险的受害第三人在满足条件的情况下，可以直接向保险人提出索赔请求，但正是因为设置了前提条件，因此可以认为这是一种并不完整的、附条件的直接请求权。

二、裁判困境

虽然我国立法在受害第三人直接请求权的问题上规定较为简要，理论界也只能将相关条文解释为不完全直接请求权或者附条件的直接请求权等，但在司法实践中，法官却大多直接肯定了第三人的直接请求权。

1. 认为《保险法》赋予了第三人直接请求权。在太平保险有限公司深圳分公司等与雷某梅等道路交通事故人身损害纠纷上诉案中，法院认为，虽然肇事大货车投保第三者责任保险的时间在《机动车交通事故责任强制保险条例》实施以后，但是根据《保险法》（2002 年修正）第 50 条的规定，可以看出，该法规定受害第三者有直接请求保险公司赔偿的权利。因此，原告对保险公司的直接请求权是基于《保险法》第 50 条的规定。[1]在中国太平洋财产保险股份有限公司重庆分公司刘某木与张某刚机动车交通事故责任纠纷案中，一审法院认为，根据《保险法》（2015 年修正）第 65 条第 1 款的规定，太保财险重庆公司与被保险车辆之间具有强制责任保险合同法律关系，刘某木系受害人，即为该法律关系所涉及的第三者，其享有对保险金的直接请求权。[2]

---

〔1〕 参见广东省河源市中级人民法院［2008］河中法民一终字第 8 号民事判决书。法院的类似观点，可参见李某宗诉孙某香等道路交通事故人身损害案，山东省青岛市城阳区人民法院［2007］城民初字第 1824 号民事判决书。

〔2〕 参见重庆市第五中级人民法院［2019］渝 05 民终 4397 号民事判决书。法院的类似观点，可参见中国太平洋财产保险股份有限公司重庆分公司与王某勇等机动车交通事故责任纠纷上诉案，重庆市第五中级人民法院［2017］渝 05 民终 7202 号民事判决书；中国人民财产保险股份有限公司涪陵李渡支公司与冯某等机动车交通事故责任纠纷上诉案，重庆市第五中级人民法院［2016］渝 05 民终 512 号民事判决书。

2. 认为《道路交通安全法》赋予了第三人直接请求权。在施某等诉中华联合财产保险公司南通中心支公司等道路交通事故人身损害赔偿案中，法院认为《道路交通安全法》（2003 年）第 76 条即"机动车发生交通事故造成人身伤亡、财产损失的，由保险公司在机动车第三者责任强制保险责任限额范围内予以赔偿……"的立法旨意是在保险合同约定的责任范围内，保险公司承担对事故受害人无条件直接进行赔偿的义务，尽管受害人不是保险合同的当事人。该条是在赋予受害人直接请求权的同时，规定了保险公司在保险责任限额内对受害人直接支付的义务。[1]

3. 认为《机动车交通事故责任强制保险条例》赋予了第三人直接请求权。在中国太平洋财产保险股份有限公司许昌中心支公司、焦作市顺通达运输有限公司机动车交通事故责任纠纷案中，法院认为，根据《道路交通安全法》第 76 条及《机动车交通事故责任强制保险条例》第 21 条的规定，受害人对保险公司享有直接请求权，保险公司对受害人负有在交强险责任限额内承担赔偿责任的法定义务。[2]在郝某军与黄某等机动车交通事故责任纠纷上诉案中，法院认为，机动车交通事故责任强制保险是保险公司以被保险人依法应当对第三人承担的侵权责任为保险标的强制责任保险。根据我国《机动车交通事故责任强制保险条例》的规定，机动车交通事故责任强制保险的首要功能在于保障机动车道路交通事故受害人依法得到赔偿，即重视对受害人损失的填补功能，赋予受害人对保险人的直接请求权。[3]

4. 径直认定第三人具有直接请求权。在中国平安财产保险股份有限公

---

〔1〕　参见江苏省南通市中级人民法院［2004］通中民一终字第 1479 号民事判决书。法院的类似观点，可参见中国平安财产保险股份有限公司黔西南中心支公司与冉某友等公司机动车交通事故责任纠纷上诉案，贵州省黔西南布依族苗族自治州中级人民法院［2016］黔 23 民终 947 号民事判决书；赵某刚与陈某等机动车交通事故责任纠纷上诉案，贵州省遵义市中级人民法院［2017］黔 03 民终 2343 号民事判决书；周某与安盛天平财产保险股份有限公司重庆分公司等机动车交通事故责任纠纷上诉案，重庆市第五中级人民法院［2017］渝 05 民终 2085 号民事判决书。

〔2〕　参见河南省焦作市中级人民法院［2019］豫 08 民终 1360 号民事判决书。

〔3〕　参见山东省潍坊市中级人民法院［2017］鲁 07 民终 2054 号民事判决书。

司锦州中心支公司、高某机动车交通事故责任纠纷案中，一审法院认为，被告郭某的小型客车在保险公司投保了机动车第三者责任保险 100 万元（不计免赔），事故发生在保险期限内。根据法律规定，保险人对责任保险的被保险人给第三者造成的损害，可以依照法律的规定或合同的约定，直接向该第三者赔偿保险金，责任保险的受害人对保险公司有直接请求权。[1]在刘某、张某豪与鼎和财产保险股份有限公司陕西分公司、刘某、刘某祥等机动车交通事故责任纠纷案中，一审法院认为，原告魏某卫作为第三人依法享有对保险公司的直接请求权。[2]在安邦财产保险股份有限公司巴南支公司与万某秀、尹某华等机动车交通事故责任纠纷案中，一审法院认为，根据法律规定，受害第三人死亡后，其法定顺序的第一继承人享有对保险金的直接请求权。[3]在中国人寿财产保险股份有限公司焦作市中心支公司与刘某、张某、修武县远征运输有限公司机动车交通事故责任纠纷案中，一审法院认为，原告作为第三人依法享有对保险公司的直接请求权。[4]在中国平安财产保险股份有限公司吉林分公司与陶某才等机动车交通事故责任纠纷上诉案中，一审法院认为，肇事车辆在平安保险投保了商业三者险及不计免赔险，在保险有效期内投保车辆发生交通事故造成陶某才受伤，作为赔偿权利人，陶某才依法享有对平安保险的直接请求权。[5]在中银保险股份有限公司唐山中心支公司与江某敏等机动车交通事故责任纠纷上诉案中，刘某伟作为侵权人为小型轿车在中银财险唐山支公司处投保了机动车交通事故责任强制保险，在保险有效期内投保车辆发生交通事故造成江某敏受伤，作为赔偿权利人，江某敏依法享有对中银财险唐山支公司的直接请求权。[6]

可以看到，虽然肯定受害第三人直接请求权的做法体现了法政策的要

〔1〕 参见辽宁省锦州市中级人民法院［2021］辽 07 民终 1952 号民事判决书。
〔2〕 参见陕西省宝鸡市中级人民法院［2020］陕 03 民终 534 号民事判决书。
〔3〕 参见重庆市高级人民法院［2019］渝民再 213 号民事判决书。
〔4〕 参见陕西省宝鸡市中级人民法院［2018］陕 03 民终 105 号民事判决书。
〔5〕 参见吉林省长春市中级人民法院［2017］吉 01 民终 972 号民事判决书。
〔6〕 参见河北省唐山市中级人民法院［2016］冀 02 民终 6738 号民事判决书。

求，实现了保护受害第三人的立法目的。但由于司法裁判走在了立法之前，相关的裁判与立法之间仍然存在龃龉：一方面，从裁判说理对相关法条的引用来看，在立法并未赋予受害第三人直接请求权的情况下，存在引用不当，说理不细致现象。例如，认为《道路交通安全法》第 76 条及《机动车交通事故责任强制保险条例》第 21 条赋予了受害第三人直接请求权，而事实上上述两条主要是强调保险人在责任限额范围内有赔付义务。另一方面，我国《保险法》第 65 条为第三人行使直接请求权设置了两个前提条件：一为被保险人对第三者应负的赔偿责任须确定，二为被保险人提出请求或者怠于请求。

第二节　第三人直接请求权的理论基础及其反思

在责任保险中，订立保险合同的是保险人和投保人，合同当事人则是保险人和被保险人，也就是说，保险人和受害第三人并无直接的合同关系，因此，若是赋予受害第三人对保险人的直接请求权，则将突破合同的相对性。如何在既有理论的基础上合理化解释这种对合同相对性的突破，理论界存在不同看法。

一、利第三人契约理论

利第三人契约理论认为责任保险合同本质上是一种利他性质的合同，受害第三人就是通过责任保险受利的第三人。我国《民法典》没有明确规定利他合同，第 522 条规定了向第三人履行的合同，其中第 2 款明确在法律规定或者当事人有约定的前提下，第三人享有独立的请求权，该条源自原《合同法》第 64 条，有学者认为应将这一条解释为对利他合同的规定。[1] 从保险理念的沿革来看，责任保险已经从填补被保险人损失的第一方保险向填补受害人损失的第三方保险转变。在第一方保险的理论之下，责任保险的

---

〔1〕　韩世远：《合同法总论》，法律出版社 2011 年版，第 271 页。

目的是填补被保险人应承担侵权损害赔偿责任所支付的赔偿金，遵循的是"先赔付后保险"原则，是等被保险人真正支付受害人的损害之后，保险人才向被保险人支付相应的保险金。在第三方保险的理论之下，情况则变得不一样，责任保险的立法目的转变为填补第三人的损害，救济受害人，是利他性质的保险。相应的，理赔规则也打破了此前的"先赔付后保险"。如果仍然遵循"先赔付后保险"的原则，若被保险人无力赔偿，那么受害第三人也得不到保险人的理赔，显然不利于对第三人的救济和保护，因此，责任保险不再要求被保险人的赔偿行为在先，而是保险人或者受害第三人均可向保险人请求赔付。正如学者总结，责任保险合同中的双方当事人有成立利第三人合同的意思表示，即便没有明确的意思表示，从保护受害人的角度出发，法律规定也隐含着该种拟制。[1]

二、并存债务承担理论

在责任保险合同中，合同当事人是保险人和被保险人，二者存在合同债务关系。基于并存的债务承担理论，保险人因与被保险人的合同约定而加入受害第三人与被保险人的侵权债务关系中，由被保险人和保险人共同负担对受害第三人的损害赔偿之债。日本学者将并存的债务承担总结为"第三人加入债务关系成为债务人，原债务人在不免除债务的情况下，两人并存负担同一内容的债务"。[2]德国法也以该理论为基础来构建第三人直接请求权。

并存的债务承担发生的法律效果为引起多数人之债，而非债务人的变更，这一点区别于免除原债务人责任的债务承担，此区别于债权人而言，具有重要意义。正如德国学者所言："债权的价值主要取决于债务人是否

---

〔1〕 冯德淦："论责任保险中受害人直接请求权的构建"，载《法治社会》2021年第5期，第49页。

〔2〕 ［日］我妻荣：《我妻荣民法讲义Ⅳ：新订债权总论》，王燚译，中国法制出版社2008年版，第505页。

有偿付能力并且能够提供所负担的给付。也就是说，哪些人作为债务人与自己相对，对债权人来说具有重大利益。"〔1〕解释论上一般以我国《民法典》第551条第1款的规定为依据构建我国的债务承担制度，该款规定："债务人将债务的全部或者部分转移给第三人的，应当经债权人同意。"此即为典型的免除原债务人责任的债务承担，在此种类型的债务承担中，随着债务人的变更，债权人与债务人之间的特定信赖关系也将发生变更，新的债务人是否具有足够的资力清偿债务，与债权人权益的实现息息相关，债务人的更替会对债权的实现产生实质的影响。因此，完全免除或部分免除原债务人责任的债务承担，自应经由债权人同意始得成立。与此不同的是，并存的债务承担是"一个新的债务人应当在原债务人之外负责任"，〔2〕申言之，新的债务人只是加入原债权债务关系中，新债务人的加入"改善了债权人的地位，在这种情形中不需要债权人的协助"。〔3〕因此，并存的债务承担，新债务人的加入无须债权人的同意，只需新旧债务人达成一致便可成立。

以并存的债务承担理论为强制责任保险中受害第三人直接请求权的理论基础，则该直接请求权在强制责任保险中的意蕴为：保险人与被保险人共同承担被保险人依法应当承担的对受害第三人的侵权赔偿责任。〔4〕基于并存的债务承担的法律效果，受害第三人得向保险人直接行使损害赔偿请求权，该损害赔偿请求权从属于受害人基于侵权法而取得的对被保险人的损害赔偿请求权，内容包括发生、履行、免除、清偿、抗辩等。根据上述理论，责任保险实质上是被保险人和保险人约定共同承担债务的合同，结合双方的保险关系，被保险人和保险人共同向受害第三人承担不真正连带

---

〔1〕　［德］迪尔克·罗歇尔德斯：《德国债法总论》，沈小军、张金海译，中国人民大学出版社2014年版，第408页。

〔2〕　［德］迪特尔·梅迪库斯：《德国债法总论》，杜景林、卢谌译，法律出版社2004年版，第623页。

〔3〕　［德］迪尔克·罗歇尔德斯：《德国债法总论》，沈小军、张金海译，中国人民大学出版社2014年版，第413页。

〔4〕　参见江朝国编著：《强制汽车责任保险法》，中国政法大学出版社2006年版，第208页。

责任，被保险人承担债务后可向保险人进行追偿。基于并存的债务承担理论，保险人作为债务人也可以对第三人行使被保险人对第三人的抗辩权，包括侵权损害责任不成立、受害人故意等。

三、法律特别规定理论

在意识到利第三人契约理论和并存的债务承担理论存在解释困难之后，理论界又提出法律特别规定理论来说明受害人直接请求权的正当性。法律特别规定理论从法价值和法政策角度出发，跳脱私法理论的基础框架，认为责任保险尤其是强制责任保险就是以保护受害人为目的的制度。[1]因而制度的设计也应围绕这一政策性目的，特别规定责任保险中的受害第三人享有直接请求权。诚如学者所总结——"直接请求权是法律之特别规定，与民事侵权行为以及保险契约脱钩"。[2]例如，汽车责任强制保险被视为是典型的政策型保险，立法的目的就是救济受害第三人，比较法上多直接赋予第三人直接请求权。[3]正是对于汽车责任强制保险政策性目的的认可，在我国立法没有明确规定受害人享有独立的直接请求权，而是赋予保险人选择向被保险人或受害第三人赔付的权利的前提下，在学界仍在苦苦思索如何在现有理论框架下合理解释受害第三人的直接请求权的情形下，司法实践径直承认了在机动车交通事故责任强制保险中，受害第三人享有直接请求权。需要注意的是，法律的特别规定理论主要是针对强制责任保险提出，各国法律规定的强制责任保险，多是为实现社会公共利益等政策性目的。例如，美国学者指出在汽车责任强制保险中，受害第三人的救济处于最突出的地位，这不同于商业性质的责任保险。相对于强制责任保险，任意责任保险缺乏法律及政策的特别关注，因此很难适用法律特别规

---

〔1〕 20世纪以来，责任保险发展呈现出一些新的态势，其中之一就是从"填补被保险人因向第三人赔偿所致的损失"向"填补第三人的损害"发展。参见于海纯、傅春燕编著：《新保险法案例评析》，对外经济贸易大学出版社2009年版，第252页。

〔2〕 施文森、林建智：《强制汽车保险》，元照出版公司2009年版，第148页。

〔3〕 如《日本汽车损害赔偿保障法》第16条、《德国汽车保有人强制保险法》第3条等。

定之理论。

四、对既往理论的反思

利第三人契约理论和并存债务承担理论都尝试在既有的理论框架下合理化解释受害第三人的直接请求权，法律特别规定理论则企图跳出既有理论的框架，以法政策为导向解释直接请求权，三者都有其合理性，但也都有值得反思之处。

首先，利第三人契约理论无法解释被保险人先向受害人赔付而后向保险人理赔的情形。即使法律授予了受害第三人完整的直接请求权，若被保险人已经积极主动地赔偿了第三人的损害，那么保险人的赔付对象自然是被保险人，此时，保险人甚至不和第三人发生任何关系，很难说责任保险的目的是利第三人还是利被保险人的。在药品缺陷责任强制保险之中，投保人购买强制责任保险之目的，在于发生保险事故时，对其财务保障和免于诉累的安心。投保人支付了规定的保险费，并相信保险公司会根据保单条款及时公平地支付。然而，在某些情况下，当承保的损害发生时，保险公司错误地未能支付承诺的赔偿。当保险公司决定延迟或拒绝付款时，药品生产企业不仅会在经济上受到伤害，还会徒增诉累，这些利益同样值得被法律保护，因此，责任保险合同不只是利第三人的保险合同。美国学者认为，第三方受害人与责任保险人之间不存在合同关系。[1]有学者把责任险称为第三方保险，因为它为被保险人对第三方的伤害、损害或损失承担潜在的法律责任提供了保险，同时认为责任保险人与指定被保险人之间的保险合同不能被解释为有利于第三方的合同。在第三方合同中，第三方成

---

　〔1〕　MFB Reinecke et al. , *General Principles of Insurance Law*, LexisNexis, 2002, p. 582. see also J P. Van Niekerk, "Liability insurance: successive but overlapping ' claims-made' policies and a question of quantum", *South African Mercantile Law Journal*, 2006, pp. 382~383.

为附加被保险人，并向保险人提出索赔。[1]

其次，并存的债务承担理论在强制责任保险中不具有普适性。根据法政策的不同，不同类型责任的强制保险在具体规则上存在区别。例如，在我国的机动车交通事故责任保险中，即使被保险人没有责任，在某些情形下，保险人仍须按照法律的规则进行赔付。但根据并存的债务承担理论，因为被保险人对受害人侵权损害赔偿责任的存在，保险人才加入其中共同承担债务，若被保险人根本无责任，自然也难说有债务需要共同承担。

最后，对法律特别规定理论的适用须区分强制责任保险和任意责任保险。强制责任保险带有强烈的政策目的性，以救济受害人为主要理念，通过政府强制干预的手段缔结商业性质的责任保险合同，实现大规模风险的事前分担，最终实现社会公共利益。任意责任保险则是投保人基于风险的预判，自愿通过保险来分散被保险人风险的手段。因此，法律特别规定理论主要是就强制责任保险而言的，任意责任保险并不是政策的特别规定。在美国法上，学者认为，所有普通法规则都是或应该基于适用的社会命题——基于法院应该考虑的道德、政策和经验命题。因此，普通法的第一个准则是，每一条规则都应该是通过考虑所有适用的社会命题，并在这些命题发生冲突时做出最佳选择而得出的规则。[2]这种准则被称为社会一致性的标准，把符合这个标准的规则称为社会一致性规则。普通法的第二个准则是，每一条规则都应始终如一地被遵守。这种准则反映了法律的可预测性和公平等重要的社会价值观，可以将这种准则称为教义稳定性的标准。法院规定的任何规则在被采纳时都可能出现与社会不一致的情形，或者后来可能变得不一致。在这种情况下，社会一致性和教义稳定性的标准指向不同的方向，必须在它们之间做出一些调整。在普通法中，这两个标

---

[1] Wenette Jacobs, "The Third-Party Plaintiff's Exceptional Direct Claim against the Insured Defendant's Liability Insurer: Some Lessons to be Learnt from the Third Parties (Rights Against Insurers) Act 2010 in English Law?", *South African Mercantile Law Journal*, 2010, p. 608.

[2] Melvin Aron Eisenberg, "Third-Party Beneficiaries", *Columbia Law Review*, Vol. 92, 1992, p. 1358.

准是由一项制度原则所容纳的，即法院一旦陈述了一项规则，即使它不是最符合社会的规则，但只要它不缺乏实质性的社会一致性，它也会被遵守。因为竞争规则在社会一致性方面的微小差异很可能具有高度的争议性，难以察觉，或者两者兼而有之。如果法院仅仅因为某一规定的社会一致性略低于其他选择而不适用该规定，那么规定的规则将失去所有可靠性。在这种情况下，作为教义稳定性标准基础的社会价值超过了作为社会一致性标准基础的社会价值。然而，如果一个规定的规则缺乏实质性的社会一致性，社会一致性标准背后的社会价值将超过教义稳定性标准背后的社会价值，该规则将通过否决、不一致的区分或根本重建它宣布的先例而被推翻。[1]

综上，利第三人契约理论不能概括责任保险的全貌；并存债务承担理论存在理论上的瑕疵；法律特别规定理论不能适用于任意责任保险。因此，从解释论的角度探讨第三人直接请求的问题，仍须明确一个前提——第三人直接请求权的理论是否需区分强制责任保险和任意责任保险。从法教义学的角度而言，我国《保险法》第 65 条是在统一的立场上赋予了责任保险中第三人附条件的直接请求权，不区分任意责任保险和强制责任保险，解释论角度的思考自应遵循这一立场，基于此，利第三人契约理论和法律特别规定理论都不宜用于第三人直接请求权的合理化。相较而言，并存的债务承担理论较为恰当地解释了责任保险中保险人、被保险人及第三人的权利义务关系，既适用于任意责任保险，也适用于强制责任保险。至于在机动车交通事故责任保险中，即使被保险人没有责任，在某些情形下，保险人仍须按照法律的规则进行赔付这一不符合并存债务承担的规定，应当说是机动车交通事故责任保险的特殊规定，在责任保险中不具有普适性。不论是任意责任保险还是强制责任保险，都以侵权责任的存在为前提，遵循无责任无保险的基本规则，这也是药品缺陷责任强制保险所应当遵循的。

---

〔1〕　See Melvin Aron Eisenberg, *The Nature of the Common Law*, Harvard University, 1988, pp. 104~145.

第三节　赋予第三人完整的直接请求权

一、赋予完整直接请求权的必要性

我国《保险法》在 2009 年修订过程中，曾经以两部分来规定受害第三人的直接请求权。一部分是"责任保险的被保险人给第三者造成损害，被保险人对第三者应负的赔偿责任确定的，根据被保险人的请求，保险人应当直接向该第三者赔偿保险金"；另一部分是"责任保险的被保险人给第三者造成损害，被保险人对第三者应负的赔偿责任确定的，根据第三者的请求，保险人可以直接向该第三者赔偿保险金"。后被合并，并对第三者请求权附加了"被保险人怠于请求"的条件，调整为现在的第 65 条第 2 款。在当时，对受害第三人直接请求权的规定多有争议，否定论者认为赋予受害第三人直接请求权不符合责任保险的分离原则，突破了合同的相对性，与既有的私法理论无法协调。肯定论者认为赋予受害第三人直接请求权有利于对受害人的救济，符合责任保险的立法目的；也有观点进一步主张去掉附加的"根据被保险人的请求"和"被保险人怠于请求的"两个条件，给予受害第三人更完整的直接请求权。受害第三人直接请求权的立法例可参考《韩国商法典》保险编第 724 条第 2 款。

在责任保险的框架下，保险人、被保险人、受害人三方之间的法律关系遵循分离原则，保险人与被保险人之间是合同关系，被保险人与受害人之间是侵权关系，他们之间依据各自的法律关系分配权利义务。如果赋予受害人直接请求权，则将突破分离原则，在保险人和受害人之间建立起请求权关系。一方面，遵循分离原则符合法理。分离原则的依据是"债的相对性"，保险人与被保险人而不是受害第三人存在合同关系，基于债的相对性，责任关系与保险关系是分别独立的两个法律关系，因此，受害第三人不能直接请求保险人承担其对被保险人的保险责任。既有理论之所以主张责任保险关系需遵循分离原则，是因为与人身保险以及一般的财产保险相比，责任保险本身存在更多的复杂性。具体而言，责任保险的理赔涉及两个法律关系，除了一般保险合同涉及的承保范围及其有效性之外，责任保险首先须确定被保险人对受害人的侵权赔偿责任，而侵权赔偿责任本身的确定也是复杂且具有难度的。

在民商法理论中，侵权责任关系与保险关系相互分离的理论依据是"债的相对性"，债务关系是至少有两个当事人（债权人与债务人）参加的由法律加以规范的生活关系，其所涉及的权利与义务仅存在于当事人之间，因此债务关系也可以被称为"法律上的特别联系"，[1]发生债务关系的当事人之间是一种"特别的结合关系"。[2]正因如此，学理上多认为债务关系是一种相对性的法律关系，当中的权利义务专属于债权人和债务人，第三人通常不能享有债务关系中的任何权利或负担相关义务。[3]诚如王泽鉴先生总结的，债权或债之关系的相对性是指仅特定债权人得向特定债务人请求给付，债务人的义务与债权人的权利，乃同一给付关系的两面。[4]依据上述民商法理论中债的相对性原理，债之关系或者债权债务关系只能约束该关系的当事人，而不能约束关系外的第三人。具体到责任保险中，保险人与被保险人的保险合同也只对双方当事人发生效力，而不对受害第三人发生效力。责任关系与保险关系相互独立，受害第三人可以基于侵权责任关系向侵权人行使侵权损害赔偿请求权，但不能向保险人行使保险金索赔权。换言之，保险人是否应对被保险人支付保险金，与被保险人是否应对受害第三人承担侵权损害赔偿责任，乃是分别处理的。原则上在保险诉讼中并不就受害第三人对被保险人赔偿请求正当与否的责任关系加以审理。

在责任保险的发展历程中，分离原则也历经了从"形式分离"到"实

---

〔1〕［德］迪尔克·罗歇尔德斯：《德国债法总论》，沈小军、张金海译，中国人民大学出版社2014年版，第3页。

〔2〕［德］梅特尔·梅迪库斯：《德国债法总论》，杜景林、卢谌译，法律出版社2004年版，第4页。

〔3〕［德］迪尔克·罗歇尔德斯：《德国债法总论》，沈小军、张金海译，中国人民大学出版社2014年版，第11~12页。

〔4〕王泽鉴：《债法原理》（第1册），中国政法大学出版社2001年版，第10页。

质分离"的过程。责任保险发展之初，也是"形式分离"原则在保险法判例及学说上被普遍采纳的阶段，在这个阶段里，被保险人是否应对受害第三人负侵权损害赔偿责任，应在民事损害赔偿诉讼过程中确认；保险人是否应向被保险人给付保险金则在保险诉讼程序中确定。换言之，"形式分离"原则主张，"侵权损害赔偿之诉"独立于"保险金给付之诉"，前者在先且在责任的认定中不考虑保险的可获得性因素。正如德国著名学者格哈德·瓦格纳总结的，侵权法与责任保险由分离原则所调整，侵权行为和保险分属不同的法律领域，责任在先并且其必须在不考虑保险可获得性的情况下加以确定。[1]

随着责任保险理论和实践的发展，"形式分离"原则逐渐走向衰落，转向"实质分离"原则。与"形式分离"原则强调"侵权损害赔偿之诉"与"保险金给付之诉"的形式分离及先后顺序不同，"实质分离"原则强调的不是侵权关系和保险关系两者在诉讼程序上的分离和独立，而是两个法律关系在实质上的独立和彼此之间的影响。具体而言，首先，侵权损害赔偿责任是否成立不受保险关系存在的影响，包括被保险人是否对受害第三人负有损害赔偿责任、赔偿数额的多寡等。其次，侵权损害赔偿关系影响保险关系，在德国保险法上，这种影响被称为"责任判决之拘束力"。也就是说，保险诉讼或者保险理赔受到侵权损害赔偿责任及其数额的约束，保险人不得在后续的理赔或诉讼中，就在先的诉讼中确定的侵权损害赔偿责任及数额提出争议。[2]值得注意的是，"责任判决之拘束力"的正当性主要在于保险人、被保险人及受害第三人之间的利益平衡。若不能确认被保险人与受害第三人之间侵权责任之诉的拘束力，那么当被保险人根据侵权之诉的结果向保险人索赔，保险人利用自身优势地位否定侵权之诉判决的合理性，而拒绝赔偿受害人时，受害人在侵权之诉中的胜利将变得毫无意义。因此，在侵权关系和保险关系实质分离的原则之下，在后的保

---

〔1〕 ［德］格哈德·瓦格纳主编：《比较法视野下的侵权法与责任保险》，魏磊杰、王之洲、朱淼译，中国法制出版社 2012 年版，第 111 页。

〔2〕 参见施文森、林建智：《强制汽车保险》，元照出版公司 2009 年版，第 137 页。

险理赔仍受到在先的、通过诉讼确认的侵权损害赔偿责任的约束。

然而，严格遵循分离原则与强制责任保险的立法目的是背离的。纵观各国强制责任保险立法例，赋予受害第三人直接向保险公司请求损害赔偿金的权利，目的在于确保受害人能够得到确实、及时的保护和救济，而并不仅仅因为便于清偿，使受害第三人取得保险给付请求权。[1]具体而言，其一，遵循分离原则可能使受害人得不到救济。在实务中，如果被保险人在受领保险金后，主动或者被动地将保险金挪作他用，而未向受害人给付，于受害人显然不公。其二，遵循分离原则可能使受害人不能及时得到救济。保险人向被保险人支付，被保险人再向受害人支付，徒增时间成本。

在强制责任保险中，赋予受害第三人直接请求权可以产生两个层面上的积极效应。其一，直接请求权之赋予有利于改善受害第三人的法律地位。在前述分离原则的支配下，受害人是保险合同之外的第三人，不能依据保险合同直接向保险人提出索赔请求。赋予受害第三人直接请求权将突破分离原则的束缚，第三人无需被动等待被保险人索赔，而可以直接向保险人提出索赔请求，此时其法律地位几乎相当于保险合同当事人。其二，直接请求权之赋予有利于促进损害赔偿程序之简易、迅速。强制责任保险之要旨本在于及时救济受害人，真正保护受害人之道，除了确保受害人之损害切实获得赔偿之外，还必须使受害人在便捷、简易的程序下获得赔偿。直接强求权的赋予可以免去被保险人先向保险人索赔，再向受害人赔偿的繁复过程。由受害第三人直接面对保险人，使得索赔流程更加简易和便捷。

综上，我国立法应当赋予药品缺陷责任强制保险中的第三人以完整的直接请求权。首先，基于前述并存的债务承担理论，责任保险合同可视为债务承担合同，保险人作为债务承担人加入被保险人与受害第三人的侵权债务关系当中，符合既有的私法理论。其次，虽然保险合同系由保险人与被保险人订立，但被保险人因侵权而产生的对受害第三人的赔偿责任是责

---

〔1〕　参见江朝国编著：《强制汽车责任保险法》，中国政法大学出版社 2006 年版，第 209 页。

任保险的保险标的，也是制度构建的核心要素。基于此，第三人的直接请求权符合责任保险的立法目的，且独立于保险人与被保险人的合同关系。[1]再次，不同于任意责任保险，强制责任保险带有更强烈的政策倾向，是政府为救济受害人而在保险市场采取的干预手段。最后，为充分保护受害第三人，赋予其直接请求权是保险发达国家强制责任保险立法的典型做法。例如，在美国的责任保险制度中，受害第三人可以直接向保险人行使赔偿请求权，且无额外的条件设置；[2]同样，在德国的强制汽车责任保险制度中，第三人也可以基于保险合同直接向责任保险人索赔。[3]因此，在药害事故中，赋予受害人直接请求权有助于受害人得到及时充分的救济，尤其在药品缺陷导致了大规模侵权，受害人众多之时。同时，受害人享有直接请求权也能避免药品企业陷入繁杂的侵权赔偿中，维持或尽快恢复生产经营，有利于进一步推进药品行业的整体发展。

二、第三人直接请求权性质的重述

如前所述，不论是基于司法实践的需求，还是基于强制责任保险的立法目的，赋予受害第三人直接请求权都是必要的。强制责任保险带有强烈的政策目的性，以救济受害人为主要理念，通过政府强制干预的手段缔结商业性质的责任保险合同，实现大规模风险的事前分担，最终实现社会公共利益。如何设定药品缺陷责任强制保险上受害第三人直接请求权之性质与要件，是立法构造上不可或缺的重要一环。

就第三人直接请求权的性质而言，由于利第三人契约理论和法律特别规定理论都在不同程度上存在难以自洽之处，本书认为以并存的债务承担理论解释第三人请求权更为妥当。解释第三人直接请求权的性质，一方面

---

〔1〕 参见邢海宝："智能汽车对保险的影响：挑战与回应"，载《法律科学（西北政法大学学报）》2019 年第 6 期。

〔2〕 参见郭峰等：《强制保险立法研究》，人民法院出版社 2009 年版，第 294 页。

〔3〕 另参见 1972 年《英国道路交通法》第 149 条、1958 年《瑞士联邦道路交通法》第 65 条第 1 款以及《日本机动车损害赔偿法》第 16 条第 1 款之规定。

应契合并存债务承担理论的基本原理，另一方面要考虑保险合同的特征。因此，直接请求权具有侵权法和保险法的双重特征，源自侵权责任又从属于保险合同。基于并存的债务承担理论和责任保险合同的性质，可将第三人的直接请求权定性为损害赔偿请求权。具体而言，依照民法的基本原理，并存的债务承担不改变债务的同一性，被保险人对受害人负担损害赔偿责任，保险人作为并存的债务承担人，也应对受害人负担损害赔偿责任，因此，直接请求权与损害赔偿请求权之同一性原则，是法定并存债务承担之架构下解释论上之当然结论。[1]

2008 年《德国保险契约法》第 115 条第 1 项规定："有下列各款情形之一者，第三人也可以对保险人行使其损害赔偿请求权：一、在责任保险中，根据强制保险法规定履行投保义务；二、关于要保人的破产程序已经启动，或由于要保人未达到破产状态或已经委派临时破产管理人而导致上述破产申请被驳回；三、要保人下落不明者。"《日本自动车损害赔偿保障法》第 16 条第 1 项规定："保有人发生依第 3 条规定之损害赔偿责任时，被害人得依政令所定，于保险金额之限度内，对保险公司为损害赔偿额支付之请求。"可以看到，上述法规将第三人的直接请求权表述为损害赔偿请求权，申言之，第三人是向保险人行使其对被保险人的损害赔偿请求权，而非代替被保险人行使保险金请求权。究其原因，是由于责任保险的本质就是免除被保险人的损害赔偿责任，而非免除其保险金请求权。值得注意的是，直接请求权虽然属于损害赔偿请求权，但也须其损害事故系属于承保危险之内，它具有"保险法上之从属性"。[2]

三、药品缺陷责任强制保险中第三人直接请求权的构成要件

根据我国《保险法》第 65 条的规定，第三人向保险人行使请求权有两个前提条件，一为被保险人对第三者应负的赔偿责任须确定，二为被保

---

〔1〕　参见叶启洲：《保险法专题研究（一）》，元照出版公司 2007 年版，第 20 页。

〔2〕　江朝国编著：《强制汽车责任保险法》，中国政法大学出版社 2006 年版，第 208 页。

险人怠于请求。该条被学者称为附条件的直接请求权,因此,本书试图赋予的第三人完整的直接请求权,实质上就是指突破上述两个前提条件的直接请求权。赋予受害第三人完整的直接请求权,须明确该请求权的构成要件。

首先,第三人直接请求权的具体行使依附于药品缺陷责任的认定。根据前文的论证,第三人直接请求权本质上仍是损害赔偿请求权,同时具有保险法上的从属性。因此,在药品缺陷责任强制保险中,其一,受害第三人直接请求权的产生源于被保险人侵权行为的发生,即药品存在缺陷,并因此产生了损害。其二,因药品缺陷受害的第三人,其履行直接请求权的索赔金额以保险人的承保限额为最高额。其三,保险人可以行使被保险人在侵权法律关系中对受害人第三人的抗辩,例如受害人故意等。

其次,强制责任保险中保险人的责任性质为不真正连带责任。也就是说,当受害第三人对保险人行使直接请求权后,保险人在其承保之范围内应与被保险人负连带责任,但保险人对受害第三人承担责任后不得向被保险人追偿。依照法定并存债务承担的架构,当然应该以连带债务作为直接请求权行使的法律效果。质言之,保险人的债务加入使得债权人获得了可以对保险人主张债务的权利,这个权利是一个额外的、可以对另外一个债务人行使的权利。当然,保险人依照《民法典》之规定应该与原债务人对债权人承担连带责任。〔1〕而 2008 年的《德国保险契约法》中,第 115 条第 1 项第 2 款也有同样的规定,保险人应当与投保人共同承担对受害第三人之连带赔偿责任。按上述民法之原理,从责任层次来看,受害第三人对保险人之直接请求权与受害第三人对侵权人之损害赔偿请求权应属相同层次,受害第三人可以自由选择对保险人或者侵权人行使其权利。从另一个角度来讲,受害第三人对保险人行使直接请求权后,保险人对受害人之给付实际上也消解了保险人基于责任保险契约所负之义务。〔2〕

---

〔1〕 参见［德］迪尔克·罗歇尔德斯:《德国债法总论》,沈小军、张金海译,中国人民大学出版社 2014 年版,第 413 页。

〔2〕 参见叶启洲:《保险法专题研究(一)》,元照出版公司 2007 年版,第 20 页。

　　大陆法系民法学说的连带债务理论主要是"连带二分论"，即包括"普通连带债务"与"不真正连带债务"。[1]一般来说，区分普通连带债务和不真正连带债务通常根据债务人之间是否有主观关联性。正如我妻荣教授所说，普通连带债务的债务人之间存在主观的共同目的，而不真正连带债务的债务人之间则缺少这样的主观共同目的，这是区分不真正连带债务与普通连带债务的标准。不论是普通连带债务抑或是不真正连带债务，实际上都属于为了达到使得债权人之债权得到满足而消灭之目的的手段，但根据债权人之间是否存在主观关联性，不真正连带债务中的一定事由有绝对效力或产生求偿关系，而普通连带债务中不发生这样的效果。[2]进言之，不真正连带债务与普通连带债务的区别主要有以下方面：首先，不真正连带债务与普通连带债务的发生原因不同。不真正连带债务中，侵权人与不同债务人之间的债务发生原因不同；而普通连带债务中侵权人与不同债务人之间的债务发生原因一般相同。其次，不真正连带债务与普通连带债务的目的性质不同。不真正连带债务人中各债务人的债务具有客观单一性，即不真正连带债务人中各债务人的债务目的系在客观上满足同一法益；而普通连带债务人中各债务人的债务具有主观共同性，即普通连带债务人中各债务人的债务在主观上因具有共同关系而相互牵连，故而在普通连带债务人中各债务人的债务内部关系上发生应分担部分及求偿问题。最后，不真正连带债务与普通连带债务的发生原因不同。不真正连带债务的发生是由于各债务人的债务法律关系偶然竞合所致，而普通连带债务的发生是由于债务人的明示意思表示或者法律的规定。[3]

　　那么回到强制责任保险中，强制责任保险人在其承保范围内与被保险人共同对受害第三人所承担的连带赔偿责任，在性质上到底是属于普通连带债务还是不真正连带债务？这是有必要进一步厘清的。按照前述民法学

---

　　[1]　参见［日］加藤雅信等编：《民法学说百年史：日本民法施行100年纪念》，牟宪魁等译，商务印书馆2017年版，第367页。

　　[2]　参见［日］我妻荣：《我妻荣民法讲义Ⅳ：新订债权总论》，王燚译，中国法制出版社2008年版，第394页。

　　[3]　参见孙森焱：《民法债编总论》（下册），法律出版社2006年版，第742~743页。

说上通说之观点，应当定性为不真正连带债务较为合适。正如日本学者所言，关于连带债务承担，通说是主张如果原债务人与加入人（保险人）之间不存在连带意识的话，那么他们之间产生的就仅仅是不真正连带债务。[1]也就是说，保险人所负之债务与被保险人所负之债务，是基于不同的法律关系所形成的不同原因而成立的债务，保险人与被保险人一起对债务人负担全部的给付义务是由于法律竞合的结果，如在药品缺陷责任强制保险中，保险人对受害人负担给付义务是由于保险合同之约定，而药品生产者对受害人负担给付义务则是由于侵权之责任，故而使作为并存的债务承担当事人之保险人与被保险人一起负担全部给付之义务，属于不真正连带债务。将保险人与被保险人之间所负之连带债务定性为不真正连带债务有益于保险人与被保险人在内部效力上的法律构造及其解释适用。也就是说，在普通连带债务中，任一连带债务人的债务清偿对其他债务人在其各自责任承担部分有求偿权，[2]反之，不真正连带债务人之间的求偿关系则并不以债务人之间存在各自负担部分及求偿关系为前提，一般情形下是基于不真正连带债务人之间存在特别的法律关系而产生的求偿关系。进一步说，只有将强制责任保险中保险人与投保人之间的债务定性为不真正连带债务，才符合责任保险之本质与强制责任保险立法之特征。故而在强制责任保险之中，只要发生之损害事故属于强制责任保险承保之范围，那么当保险人向受害第三人给付后，就不得向被保险人求偿。2008 年《德国保险契约法》中第 116 条第 1 项之规定也有类似之规定："关于本法第 115 条第 1 款第 4 句中所提及的连带债务人关系，按照保险合同规定属于保险人责任范围的，保险人应当独自承担保险责任。如果上述义务并不存在，则投保人应当独自履行相关义务。"质言之，在强制责任保险中，除法律规定在不健全保险关系中保险人向受害第三人给付后可以向被保险人求偿以

---

[1] 参见［日］加藤雅信等编：《民法学说百年史：日本民法施行 100 年纪念》，牟宪魁等译，商务印书馆 2017 年版，第 519 页。

[2] 参见［日］於保不二雄：《日本民法债权总论》，壮胜荣译校，五南图书出版公司 1998 年版，第 224、225 页。

外，保险人与被保险人之间一般不存在求偿关系。但值得注意的是，在不健全的保险关系中，保险人与被保险人之间的关系并不属于连带债务意义上之求偿关系，该关系产生之基础是因保险人与被保险人之间存在的偶然的法律关系，而并不是因保险人与被保险人之间存在主观关联性。[1]综上所述，在强制责任保险中，受害第三人对保险人与被保险人的请求权发生之原因事实不同，但保险人与被保险人的给付之内容相同，而受害第三人直接请求权之内容是使保险人负担原被保险人对于受害第三人之损害赔偿责任，因此，保险人与被保险人之间的债务关系应属于"不真正连带债务关系"。[2]

最后，受害人第三人行使直接请求权不附前提条件。具体而言：其一，《保险法》第 65 条规定的第三人向保险人请求赔付的条件之一，即被保险人对第三者应负的赔偿责任确定，不具有必要性。不论是在理论上，还是在实务中，赔偿责任的确定都不是权利人行使权利的前提条件。特别是在保险关系中，通常都是由索赔权利人提出索赔请求，再由保险人核定实际的损失，按照双方认可的金额进行理赔即可，而不是在赔偿责任确定之后再提出索赔请求。其二，《保险法》第 65 条规定的条件之二，即被保险人怠于请求，第三人方可直接向保险人提出索赔请求，不利于及时救济受害人。责任保险尤其是强制责任保险，根本宗旨皆系于及时、有效地救济受害第三人，若第三人需在被保险人怠于请求之后方可行使索赔权利，与上述立法宗旨不能保持一贯性。因此，在药品缺陷责任强制保险中，受害第三人行使直接请求权，自应无需赔偿责任确定，也不需被保险人怠于请求。

---

〔1〕 参见〔日〕我妻荣：《我妻荣民法讲义Ⅳ：新订债权总论》，王燚译，中国法制出版社2008 年版，第396 页。

〔2〕 参见施文森、林建智：《强制汽车保险》，元照出版公司2009 年版，第160 页。

第五章

药品缺陷责任强制保险之功能补充：
以补偿基金为重点

———————— //// ————————

强制责任保险的立法宗旨是及时救济受害人，然而纵观世界各实施强制责任保险国家或地区之历程，由于保险制度和保险技术之局限性，强制责任保险亦存在无法填补受害人损害的情形。因此，为使受害人获得更加全面的保障，在实施强制责任保险的国家及地区中，通常会设置其他配套措施作为强制责任保险功能的补充。补偿基金是普遍采用的强制责任保险补充机制。尽管在立法上就基金之称谓存在差异，例如美国之"疫苗伤害补偿计划"[1]、日本之"独立行政法人医药品医疗机器综合机构法"[2]等，其本质均为药品损害事故受害人在未能获得药品损害责任保险或其他保障制度保障的情况下，仍可获得救济而设立的补偿基金制度。

———————————————————

〔1〕 1988年美国联邦正式实施"国家疫苗伤害补偿计划"，该计划确立了无过失的补偿制度，即赔偿基金的社会化救济模式，用以矫正责任保险所带来的负面影响。并且制定发布了"疫苗伤害表"，只要是由于表中所列品类疫苗导致的人身损害或者死亡，受害者都可申请最高补偿数额达到50万美元的人身、财产以及精神损害补偿救济。

〔2〕 1979年日本颁布并实施了《医药品副作用被害救济基金法》，后经过1988年、1996年，于2005年最终修订为《独立行政法人医药品医疗机器综合机构法》，用以救济遭受药品不良反应损害之受害人。

第一节　药品缺陷损害补偿基金的性质及其功能

一、补偿基金的法律性质辨析

特别补偿基金制度之创设起源于机动车强制责任保险领域。美国、日本、德国等国家为落实保护交通事故受害人之目的均设有为确保汽车交通事故受害人在未能获得强制汽车责任保险保障时仍得请求补偿而设立的补偿基金组织。随着侵权法上危险责任或者严格责任适用范围之扩张，强制责任保险也从汽车交通事故领域向其他"技术性危险"领域延伸，与之相"配套"之特别补偿基金模式亦然。

联邦德国曾是沙利度胺事件[1]的中心，也是当时欧洲制药业最强大的地区。经历了此次事件后，德国毫不意外地成了第一个认真思考赔偿药品受害者问题的国家。在最终确立补偿基金方案之前，曾有几项提议。1973年12月，德国联邦卫生部提交了第一份草案，提出了一个三轨方案：①普通过失侵权责任模式；②严格责任模式，设置最高赔偿限额[2]，其补偿范围包括金钱之外的损失；③赔偿基金模式，用以防止索赔人无法合理地从负有法律责任的被告或保险人处获得赔偿。该草案既涉及了赔偿方案的替代结构，也涉及了界定可赔偿风险范围的实质性问题。但毫不奇怪，第一份草案遭到了反对，因为它既反对严格责任中隐含的额外财政负担，也反对由于国家直接作为药品许可机构的角色，药品生产者不希望有过多的国家干预。因此，1974年6月，第一项提案很快被内阁草案所取代，该草案提出了一种更简单的双轨模式：除了过失责任之外，所有基于

---

　〔1〕　该药物的始作俑者是一家德国公司，尽管其分销商和许可证持有人分布在几个国家，但与该公司相关的受害者人数（2500人）是迄今为止最多的。

　〔2〕　有限金额无过错责任的理念遵循了德国传统的模式，即对特定的"异常危险活动"（如铁路、公用事业、汽车和核设施）制定严格的责任法规。反过来，由制药行业资助的子基金的想法遵循了法国和德国常见的无保险机动车基金模式，并在产品责任的一般问题上获得了一些学术支持。

无过失的索赔都将针对制药商资助的基金提出。[1]第二份草案受到了欢迎，因为它免除了个人的严格责任，并将非金钱损失排除在对基金的索赔之外，从而降低了药品生产者的财务风险。但无论如何，设立药品损害救济补偿基金的目的都不是为所有的药品风险提供保险。相反，赔偿的目的仅限于因药品缺陷造成的人身伤害（和死亡）。[2]总而言之，为了防止药品损害事故的受害人因为特定的原因而不能从保险人处获得保护，从而导致其药品责任强制保险制度之目的无法实现，德国设立了药品损害补偿基金以填补因此而产生的保护漏洞。基金的运行通过保险业作为中介机构，具有公法性质，故该基金在性质上属于德国法上的"公营造物"。[3]

日本药品补偿基金制度的建立是由公众舆论推动的，公众舆论批评政府对沙利度胺[4]和SMON[5]灾难的解决拖延了很长时间，而日本政府为了防止舆论持续发酵，在1978年立即提交了一项法案，最终于1979年9月通过成为法律。它的模式既不是德国的严格责任模式，也不是瑞典的团

---

〔1〕 该基金在这里的作用更类似于德国围绕贸易协会组织的工人薪酬。该基金没有发挥第一草案所设想的边际作用，仅仅是承担民事责任的个别被告的赔偿责任的担保人，基金在这里承担了补偿发展风险和其他非过失伤害的所有索赔的中心作用。See John G. Fleming, "Drug Injury Compensation Plans", *University of New Brunswick Law Journal*, Vol. 32, 1983, p. 11.

〔2〕 德国的承保风险的法定定义明确了生产者和使用者各自的责任范围。根据医学科学知识，如果损伤是由处方药造成的，其在处方使用过程中的有害影响客观上超过了可接受的限度，则可以提出索赔。这假设了一个事后检验来涵盖"发展风险"，以达到沙利度胺灾难所说明的情况。但它也涉及特殊的（非疏忽的）制造缺陷，以及（明确的）警告缺陷。消费者因使用不符合制造商说明而丧失所有保护，并根据习惯分摊制度（相对过失）对共同过失负责。

〔3〕 公营造物，又被称作公务法人，按照德国行政法之父奥托·迈耶的解释，就是掌握在行政主体手中，由人与物作为手段之存在体，持续性地为特定公共目的而服务。

〔4〕 1962年至1973年间，在八个不同的地区法院进行的诉讼最终在1974年10月达成和解，国家和制造商承认了责任。

〔5〕 SMON的诉讼涉及药品chinoform，于1971年启动。东京地方法院在1976年作出了第一个判决。凯布法官在认定制造商和政府公司对过失负有责任后，提出了解决索赔的各种标准。近40%的原告接受了在这些标准范围内的和解。后来，其他九个地区法院也遵循了这些准则。

体保险模式，而是一个立法制定的带有社会保障色彩的特殊赔偿基金。[1]根据《日本独立行政法人医药品医疗机器综合机构法》建立的医药品和医疗器械综合管理机构（Pharmaceutical and Medical Devices Agency, PMDA），是日本现行的医药品副作用致害救济机构。该法明确了救济基金的管理机构，由医药品机构承担相应管理职责并处理相关药品损害之赔偿，该机构的性质属于经过政府批准成立的民间法人组织，具有私法性质。

特别补偿基金制度之创设起源于机动车强制责任保险，故各国道路交通损害补偿基金之模式对药品损害补偿基金亦有重要的参考意义。从比较法的角度而论，各国在机动车强制责任保险外另设特别补偿基金之立法模式，主要有公法机构与私法人两种。前者的基金运行和补偿基金业务等均由政府成立公法团体办理之，以德、日立法例为典型代表；后者则是成立独立于"政府机构"之外的财团法人，即以私法组织承办相关补偿业务。以上两种立法模式的立法目的一致，即为了防止受害人在强制责任保险体系无法获得赔偿之前提下，另设特别补偿基金，以填补受害人损害补偿体系之漏洞。但在设立承担补偿基金救济业务的机构方式上存在差异，一个是由政府成立的公法团体承担，另一个则是在政府机构之外另设的私法财团法人组织承担。哪种模式更适合我国国情，还有待分辨，需要进一步厘清药品损害补偿基金之法理基础。有学者认为，作为强制责任保险的一种补充机制，在强制责任保险制度或者技术实在无法给受害人提供保障时，对药品损害责任主体或者强制责任保险人其实缺乏可归责性，此种情形下应由政府成立相关机构以办理补偿基金业务。申言之，药品损害补偿基金具有"国家责任"之性质，其根源于"国家保护义务"之法理。[2]因此，

---

[1]　在许多方面，该赔偿基金的原型是1973年在Minimata、Toyama和类似灾难之后制定的污染受害者赔偿计划，包括了医疗费用、医疗津贴、残疾抚恤金（两级）、抚养受伤儿童的抚恤金和死亡福利。福利水平大大高于国家健康保险，但通过排除非金钱损失和限制经济损失赔偿，远远低于侵权损害赔偿。

[2]　王泽鉴：《损害赔偿》，三民书局2017年版，第2页。

国家对药品损害事件之防范，既要注意事前防范，也要注重事后救济，通过损害赔偿或补偿制度的构建，方能更好保障人民。[1]也就是说，作为强制责任保险的补充机制，补偿基金制度在法理上具有"国家责任"之属性，其业务承担机构自然应由政府成立较为适合。如若不然，当具有私法性质机构办理补偿基金业务所产生的法律纠纷时，便应由民事法律规范予以调整，一旦发生基金补偿机构少赔或者不赔之情形，就无法及时救济受害人之权利，也违背了基金对受害人的保障之宗旨。

我国 2003 年颁行的《道路交通安全法》第 17 条规定设立道路交通事故社会救助基金，但 2006 年颁行的《机动车交通事故责任强制保险条例》第 27 条却将道路交通事故救助基金的性质表述为"垫付义务"，此后，2010 年《道路交通事故社会救助基金管理试行办法》第 12 条、《民法典》第 1216 条、2022 年《道路交通事故社会救助基金管理办法》第 14 条均延续了"垫付义务"之表述。上述规范性文件的表述难免产生理论上的疑问：我国法律上的交通事故救助基金的性质究竟为何？该基金对受害第三人所负义务是否可以定性为"垫付义务"？在比较法上，或赋予受害第三人对补偿基金的损害赔偿请求权，并规定满足要件即可行使；或将相关的基金定性为补偿基金，受害第三人享有请求补偿的权利。例如《德国机动车保有人强制保险法》第 12 条规定，受害人"可对于机动车事故损害赔偿基金享有损害赔偿请求权"。《韩国机动车损害赔偿保障法》第 30 条规定，政府机动车损害赔偿保障事业可以依据受害人的请求，在责任保险的保险金限额内"赔偿其损失"。可以看到，比较法上的补偿基金都是在受害人无法向保险人或者侵权人行使损害赔偿请求权的情况下，作为补充来填补受害人的损失。而我国法律上"垫付义务"之表述，既削弱了我国补偿基金的公益性质，也模糊了补偿基金的性质。

药品损害补偿基金之补偿义务所对应的是受害人对补偿基金的补偿请求权，在德国法上，认为该补偿请求权之法律性质属于法定的债务共同承担的特殊情形，即药品损害补偿基金与损害事故之侵权人对受害人承担连

---

〔1〕 参见王泽鉴：《损害赔偿》，三民书局 2017 年版，第 11 页。

带责任。[1]也就是说，受害人对补偿基金的补偿请求权也是以法定的债务共同承担之理论为基本架构。从侵权损害赔偿、强制责任保险与补偿基金三种制度的关系来说，强制责任保险为损害事故之受害人提供侵权赔偿之法律担保，而补偿基金又可以补充强制责任保险之疏漏。[2]因此，将受害人对补偿基金的补偿请求权与对强制责任保险人的直接请求权建立在相同的理论基础之上，此种理论架构之优势在于既有利于维持私法秩序的统一性及内在价值体系的一致性，又能使三个制度之间充分实现分工协调、功能补充，避免陷入立法论上冲突与解释论上矛盾之困境。进言之，在此理论架构下，受害人对补偿基金之补偿请求权与受害人对侵权人之损害赔偿请求权具有同一性。[3]也就是说，受害人在侵权行为中对侵权人的损害赔偿请求权是受害人对补偿基金之补偿请求权的基础，受害人并不是对补偿基金机构取得了一个额外之权利，而是补偿基金机构作为了受害人额外的债务承担者。[4]

综上所述，我国药品损害补偿基金之补偿义务的法律本质可以借鉴德国立法例及其学说，将其视为"法定之共同债务承担"之特殊情形，即补偿基金与侵权人对受害人负不真正连带债务责任，当然，侵权人才是该连带债务的终局责任人。既然找到了补偿基金补偿义务的法律本质，也就找到了设计补偿基金赔付要件之依据，即只有当损害事故之侵权人侵权责任成立时，补偿基金方得承担补偿给付义务。[5]不然，若受害人不论侵权行为是否成立都可以向补偿基金机构请求补偿，势必混乱侵权行为之归责原

---

〔1〕　参见江朝国编著：《强制汽车责任保险法》，中国政法大学出版社 2006 年版，第 267 页。另参见江朝国："汽车交通事故特别补偿基金之功能及补偿关系之厘清"，载《月旦法学杂志》2001 年第 78 期，第 64 页。

〔2〕　参见江朝国编著：《强制汽车责任保险法》，中国政法大学出版社 2006 年版，第 267 页。

〔3〕　参见叶启洲："德国强制汽车责任保险之法律性质及第三人直接请求权之构造"，载《风险管理学报》2009 年第 1 期，第 24 页。

〔4〕　参见叶启洲："德国强制汽车责任保险之法律性质及第三人直接请求权之构造"，载《风险管理学报》2009 年第 1 期，第 24 页。

〔5〕　参见江朝国编著：《强制汽车责任保险法》，中国政法大学出版社 2006 年版，第 268 页。

则，强制责任保险似乎和社会保险也没有了本质区别。所以，我国建立药品损害补偿基金时，应当避免在称谓上表达社会救助之意涵，[1]引起大众误识药品损害补偿基金之法律本质。

二、药品损害补偿基金的必要性与功能

（一）药品损害补偿基金的必要性

侵权制度通过给予行为人一种选择，即通过行使必要的谨慎来避免责任，或通过节省预防措施的费用来暴露自己的责任风险，从而阻止事故发生。[2]事实上，有学者认为，这种责任保险与补充基金的组合将导致最有效的资源分配，因为行动者在自身利益的驱使下，将很可能选择对他来说成本更低的替代方案，至少在所有可能的世界中是最好的，这将为他提供充分的信息来指导他的决定，也就是说，只有成本不合理的风险才被无视。[3]严格责任，像过失一样，是针对个体生产者的。另一方面，赔偿基金代表了一个更大成本池的集体化，例如所有药品生产商。因此，这可能会导致某些个人甚至集体减少发明，这是有争议的。然而，显然这样的前景并没有阻止通过责任和社会保险（通常没有代位求偿权[4]）将事故损

---

〔1〕 2020 年 11 月 26 日经财政部部务会议审议通过，经银保监会、公安部、卫生健康委、农业农村部同意，并报经国务院批准并公布了《道路交通事故社会救助基金管理办法》，该办法自 2022 年 1 月 1 日起施行。该办法在称谓上并没有"去社会救助化"，有将我国机动车交通事故责任强制保险之强制责任保险属性混淆为社会保险属性之嫌。

〔2〕 John G. Fleming, "Drug Injury Compensation Plans", *University of New Brunswick Law Journal*, Vol. 32, 1983, p. 22.

〔3〕 See Richard Posner, "A Theory of Negligence", *The Journal of Legal Studies*, 1972, p. 29. 参考法官汉德著名的（如果不谨慎的）疏忽公式，意思是风险的发生概率和严重性超过了避免风险的负担, See U. S. v. Carroll Towing Co. （1947), 159 F. 2d 169 （2d Cir.）. 制造商在任何情况下都不会在事故预防方面投入额外的资源（在没有其他强制措施的情况下，即使法律认定他因未能采取成本不合理的预防措施而疏忽）. See R. H. Coase, "The Problem of Social Cost", *The Journal of Law & Economics*, Vol. 56, 2013, p. 837.

〔4〕 在英国和瑞典存在同样的情况, See Jan Hellner, "Damages for Personal Injury and the Victim's Private Insurance", *The American Journal of Comparative Law*, 1970, p. 126.

失广泛社会化，更不用说像新西兰那样的全面事故计划和瑞典正在发展的保险方案了。正是由于救济基金制度作为强制责任保险制度之补充，故二者在功能上均具有保障受害人、药品生产者以及社会长远利益之效用。

首先，药品损害补偿基金对受害者的救济更加全面和及时。药品缺陷责任强制保险主要对因药品缺陷对受害者造成的损害进行赔偿，并且存在赔偿范围与限额之限制，补偿基金可以弥补强制责任保险对受害人救济的不足。而且与责任保险赔付程序甚至是司法程序相比，基金的赔偿程序更加简单，使得受害人能够得到快速的救济，同时也并不妨碍受害人其他救济途径之行使。从因果关系角度分析侵权模型和基金模型之间的区别，可以发现，在侵权理论之中，无论是基于过失还是严格责任（如《德国药品法》），都要求造成伤害的特定药物的来源确定。无论多重污染案件还是仿制药案件，是否有理由降低因果关系之标准，至少在被告的罪责被确定之后，依然存在很大争议。[1]相比之下，基金模式将避免这一困难，因为无论药物来源如何，只要确定药物本身就足够了。[2]另外，鉴于药品损害的"长尾性"，保险公司对于具有潜伏性药害事件的保险期间认定、风险精算等方面的处理往往存在争议和问题，难免对药害受害人的救济产生影响。而救济基金对药害事件受害人之保护并不受药品长尾风险的影响，能够提供更加长久的保护。

其次，对于药品生产者而言，强制责任保险的实施既可以在一定程度上分散药害事件所产生的风险，也在一定程度上使其面临了经营风险。药品缺陷责任强制保险由于其赔偿范围与限额之限制，对药害事件受害人的保护程度有限，一旦发生大规模侵权事件，诉讼或者巨额赔偿可能会影响药品生产者的生产经营，为了更好地分散风险，药品损害赔偿基金的建立

---

〔1〕　John G. Fleming, "Drug Injury Compensation Plans", *University of New Brunswick Law Journal*, Vol. 32, 1983, p. 21.

〔2〕　举一个有趣的案例以说明基金的优势，两个猎人都疏忽地朝原告方向开枪，但无法确定是谁开枪打伤了原告，法院虽然赦免了猎人个人的责任，但仍将责任强加给他们共同的保险公司。美国和加拿大的法院通过对这样的猎人施加举证责任来追究他们的责任。See Summers v. Tice (1948), 199 P. 2d 1 (Cal.); Cook v. Lewis, 〔1951〕 S. C. R.

就显得尤为必要。即便出现药品生产者因此破产而导致民事主体资格消灭，药品损害补偿基金依然可以为受害者提供必要之救济。仅限于某一特定行业集团的特殊基金，如制药行业，就可以为最大限度地降低集体成本提供合理的激励。[1]进而言之，药品损害补偿基金的来源之一就是药品生产者。可以促进药品生产者风险意识的提高，药品行业相关技术的发展和更加科学有效的风险预防措施的建立。[2]

最后，各国的补偿基金制度实践证明，基金救济模式有利于社会长远之利益。一般来说，政府在基金救济制度中具有主导作用，政府信用的背书使得药品损害受害人对自身权益的维护更具信心，对基金的资金能够更好地管理与控制，对制药行业的发展能够在宏观层面给予全面安排，各方利益的平衡也能妥善的调控，对制药行业的发展起到推动作用。在建立药品损害救济基金制度后，很多国家（如日本等）的制药行业都进入了高速发展阶段。再者，药品损害补偿基金的来源较强制责任保险的单一来源更加多样，可将药品损害赔偿风险分散到更广的范围。申言之，公平的利益分配制度需要有公平的损失分配制度之配合，才能使得社会发展更加健全。[3]

（二）药品损害补偿基金的功能

从债权债务的角度来看，由法律将药品损害补偿基金机构创设为药品损害侵权人和药品缺陷责任强制保险人之外的其他债权人，在受害人无法获得其他途径的救济时，赋予补偿基金机构以补偿义务来满足受害人之损害赔偿请求权。故该补偿义务分属法律课以药品损害补偿机构之额外责任或补充责任，使其在一定范围内承担了药害受害人得不到保险理赔之风险，这就是药品损害补偿基金对受害人的保障功能。[4]进一步说，既然药

---

〔1〕 John G. Fleming, "Drug Injury Compensation Plans", *University of New Brunswick Law Journal*, Vol. 32, 1983, p. 23.

〔2〕 参见熊进光：《大规模侵权损害救济论——公共政策的视角》，江西人民出版社 2013 年版，第 160 页。

〔3〕 参见江平主编：《民法学》，中国政法大学出版社 2000 年版，第 749 页。

〔4〕 参见江朝国："汽车交通事故特别补偿基金之功能及补偿关系之厘清"，载《月旦法学杂志》2001 年第 78 期，第 62 页。

品损害补偿基金的补偿义务是由法律额外增加的，那么根据其义务来源可推之——补偿基金的原则应为"补充性原则"（Subsidiaritätsgrundsatz）。应当注意的是，药品损害补偿基金属于特殊的救济渠道，旨在弥补药品缺陷责任强制保险之不足，以药害受害人于其他途径无法获得救济供填补其损害为必要，具有典型的公益属性和政策目的，所以其补充性原则在立法例中均有所体现。例如《日本自动车损害赔偿保障法》第73条规定，"政府应在该给付相当金额的范围内，不填补同款规定的损失""受害人自第3条规定的应负损害赔偿责任处接受损害赔偿时，政府在该金额限度内，不填补前条第1款后段规定的损失。"将受害人已获得的赔偿排除在外，是补偿基金补充性原则的充分体现。

第二节　药品缺陷损害补偿基金的资金来源

一、内部来源

法经济学家认为，所有成本都应由导致成本主体承担，这样它们就能反映在最终产品或活动的价格上。[1]事故成本，简而言之，是特定企业间接成本的一个部分。这样，发生损害事故率较高的药品生产者在市场上的吸引力就会较小，从而促使其在社会更希望的范围内进行生产活动。相比之下，如果药品生产企业的生产活动只盈利而不承担事故成本，那么它们实际上得到了补贴，因此将会发生过度生产之情形，这既造成了资源分配的低效，也会导致损害事故的增多。总之，可以利用市场机制来实现对药品损害事故的"普遍"威慑。[2]在侵权法上，过失责任并没有试图将所有事故成本分配给造成事故的主体，相反，它的目的是只分配那些本应合理

---

〔1〕　See R. Merrill, "Compensation for Prescription Drug Injuries", *Virginia Law Review*, 1973, p. 87.

〔2〕　John G. Fleming, "Drug Injury Compensation Plans", *University of New Brunswick Law Journal*, Vol. 32, 1983, p. 24.

避免的事故的成本。[1]这似乎揭示了内部化论点的根本模糊性。如果内部化具有将成本转嫁给最佳避免损失者的功能，从而有助于"普遍威慑"的事业，那么，将可避免的产品伤害的成本分配给未能在事故预防方面进行社会理想程度投资的生产者是足够合理的。而且，将其应用于药品的"开发风险"也是不可避免的，只有通过产生社会不希望的成本（例如，更长时间的测试导致有益药物上市延迟）才能预防，将导致经济资源的错配。总而言之，将药品损害事故的成本内部化，甚至对药品生产的发展风险的补偿也认为是可取的，以便从更大的"口袋"中补偿受害者，将成本分摊到更大的风险池中。对药品损害补偿基金来说，充足的资金是补偿基金机构得以运转之基础，故而资金之来源应是设立药品损害补偿基金的首要考量因素。设立药品损害补偿基金的目的，是为了防止受害人在强制责任保险体系下无法获得救济，以填补受害人损害补偿体系之漏洞。既然药品损害补偿基金是为填补强制责任保险的漏洞，那么其资金来源也理所应当地由药品缺陷责任强制保险中的责任主体承担，这也体现了责任自负之理念，即学界中所称"危险源之分担原则"。

从理论角度探讨药品生产者作为补偿基金主要来源主体的正当性，可以借助强制保险结合侵权法上危险责任予以说明。强制责任保险与危险责任在某些方面具有相似性，即皆关注责任主体在社会活动中之内蕴风险。申言之，强制保险对投保人课加强制义务之缘由，与侵权法上危险责任之设立，均源于自身获利却对社会创造了风险之人。药品生产者既然是药品市场活动的直接受益者，对因自身活动所产生的危险，当法律对受害人救济无力时，自然应当负担对作为强制保险补充的，为补偿受害人所设立的另一制度的资金注入。质言之，作为营利性组织而承担危险源分担原则的理由根植于"受益者负担"理论，况且药品生产者通常具有相当的经济承

---

[1] 在许多情况下，政策制定者表现得好像把特定类型的事故归咎于特定活动是没有问题的。例如，工伤被普遍认为是工业经营成本的一部分："产品应该承载工人的鲜血。"但仔细观察，这个问题确实会变得非常棘手。由工业工具故障引起的事故是由制造商承担还是由工具用户承担？如果母貂在受到声音的惊吓时吃掉了它们的孩子，这是国防成本还是水貂养殖成本？

受能力，正所谓"利之所在，损之所归"。

药品损害补偿基金之筹集存在两种可能的方式：第一，统一缴纳模式，即在投保人缔约药品缺陷责任强制保险时，将药品损害补偿基金之份额一并强制缴纳；第二，分别缴纳模式，即在投保药品缺陷责任强制保险费以外，要求药品生产者另行于药品损害补偿基金机构缴纳基金负担费用。以上两种缴纳模式，虽然体现了危险源分担原则之原理，但从管理成本和制度设计之便利性而言，二者之间仍有较大不同。就分别缴纳模式而言，药品缺陷责任强制保险的缴纳对象为相应的保险公司，而药品损害补偿基金的缴纳对象则是政府设立之专门机构。从救济效果之角度出发，一旦药品生产者给付完毕药品缺陷责任强制保险费用，取得相关运营许可后，不缴或拖缴药品损害补偿基金之费用，影响补偿基金的收支平衡，不利于对受害人之保障，即便事后通过惩罚手段追缴费用，也会使得相应的费用管理成本更高，在配套制度之设计上也只会更增繁琐。故而，在药品缺陷责任强制保险费用结构内直接包含药品损害补偿基金之分担份额，补偿基金之费用直接由保险人收取保费时统一代收，不仅使得药品生产者履行缴纳义务更加便利，也能保证基金池之充裕。其次，药品损害补偿基金的资金筹集原则是强制性的，从世界各国基金的运行经验看，强制性政策通常是所有健康类型保障制度得以顺利实施的最直接与重要的因素，同时也与"统一缴纳模式"中通过强制责任保险所缴交费用所体现的强制缴纳义务契合。

综上所述，既然设立药品损害补偿基金的目的，是为了防止受害人在强制责任保险体系下无法获得救济，以填补受害人损害补偿体系之漏洞，那么其资金来源也应由强制责任保险中的危险制造主体公平承担。[1]而其危险源分担的实现路径应采"统一缴纳"的征收模式为宜。通过向药品生产者收取的强制责任保险的保费之一部，待强制责任保险将风险分散后，对强制责任保险保障疏漏之处予以补充，也体现了药品损害补偿基金具有

---

[1] 参见邱瑞利："汽车交通事故特别补偿基金之运作及检讨"，载《月旦法学杂志》2001年第78期，第48~49页。

一定的保险属性。[1]另外，值得注意的是，目前国际上药品生产者缴纳补偿基金的标准主要有市场占有率标准与销售额标准。但由于药品的种类繁多，例如处方药品和非处方药品，普通药品和特殊药品，上市药品和特殊药品，其风险程度皆不相同，若采用市场占有率的标准，则难免需要考虑药品分类的问题，可操作性不强。反之，采用销售额的标准收取药品生产者缴纳之基金分担额。根据药品生产者的年销售额来确定缴费比率之标准，经由综合投保率、赔付率、基金运营成本等资料加以精算确定，并实行年度调整制，赔付率越高的，来年的缴费比例也更高，应属较为可行之方式。从另一方面来看，药品损害补偿基金之资金提拨率的确定与其费率年度调整制之并行，也体现了保险原理中"风险费率制"之要求，促进危险源个体成员间之公平，更能敦促药品生产者对药品安全给予更多关注。

二、外部来源

如果药品损害补偿基金之来源全部归于通过药品生产者缴纳之强制责任保险保费之一部，亦隐含着不公平性因素。论其缘由，观诸国际设立补偿基金或相似制度之国家，虽然在对受害人的补偿范围上之规定存在不同，但依然可以看到，其中大部分的赔付皆因药品侵权企业没有投保相关责任保险或者是由于技术等原因无法查明责任承担主体。[2]在此种情形之下，虽然采用"统一缴纳模式"于强制责任保险之保费中收取补偿基金费用简单便利，但依然会产生争议，即药品损害补偿基金使用来自自觉投保了强制责任保险的药品生产企业之资金，来补偿因药品侵权企业没有投保相关责任保险或者是由于技术等原因无法查明责任承担主体时的药害受害人，出现了投保强制责任保险的生产者为肇事企业买单的诡异情形。为了防止药品生产者对投保药品缺陷责任强制保险产生消极心理从而影响强制责任保险的投保率，杜绝这种不公平现象的发生，在设置药品损害基金

---

〔1〕 参见江朝国编著：《强制汽车责任保险法》，中国政法大学出版社 2006 年版，第 260 页。
〔2〕 参见施文森、林建智：《强制汽车保险》，元照出版公司 2009 年版，第 227~228 页。

时，可以从以下两个方面予以着手考虑。

（1）由于我国制药行业的发展水平、药品行业市场环境以及整体的社会保障水平与发达国家相比还存在一定差距。况且考虑我国特殊国情，我国制药市场的集中度相对较低，除西药外，我国还有大量中药生产企业，此类企业通常规模较小且数目较多。那么考虑药品损害补偿基金的来源时，也应当考虑到药品生产者的经营规模与经济实力，但为了给药害受害者提供重要保障，充足的基金池实属必要。可借鉴国外的基金筹集途径，药品损害补偿基金的渠道除从品生产者处来源的资金外，还应当包括中央或省级人民政府的政府财政补贴和社会捐助等来源。

首先，中央或省级人民政府对药品损害基金的政府财政补贴应当注入药品损害基金中另设的疫苗损害基金账户。在政府财政补贴的基金筹集方式中，存在一个值得进一步辨明的问题，在机动车强制责任保险外之道路交通安全补偿制度的设立，同样是依照"国家责任"的法理由政府成立公法团体予以办理的，为何在机动车领域，其特别补偿基金之资金来源却不由"政府拨款"予以贴补？盖因道路交通安全事故系由汽车使用所导致之社会现象，汽车所有人作为特定危险源，应当对因其产生的损害承担相应之责。政府财政来源于社会大众之税收，特定危险制造者制造之风险由大众分担并不公平。但应当指出的是，虽然道路交通安全补偿基金与药品损害补偿基金必然存在制度上之互通处，但两者存在的差异也使得两者在属性上不尽相同。需要特别指出的是，政府对药品损害基金的政府财政补贴应当注入药品损害基金中另设的疫苗损害基金账户。其中，疫苗基金账户所保障的应当是针对一类疫苗所造成之损害。[1]第一，由国家参与药品损

---

[1]　根据《疫苗流通和预防接种管理条例》的规定，疫苗可分为第一类疫苗和第二类疫苗。第一类疫苗是指政府免费向公民提供，公民应当依照政府的规定受种的疫苗。包括：①国家免疫规划规定的疫苗，省、自治区、直辖市人民政府在执行国家免疫规划时增加的疫苗；②县级以上人民政府或者其卫生主管部门组织的应急接种所使用的疫苗；③县级以上人民政府或者其卫生主管部门组织的群体性预防接种所使用的疫苗。主要有：乙肝疫苗、卡介苗、脊髓灰质炎疫苗、百白破疫苗、麻腮风疫苗、白破疫苗、甲肝疫苗、流脑疫苗、乙脑疫苗，以及在重点地区对重点人群接种的出血热疫苗、炭疽疫苗和钩端螺旋体疫苗。第二类疫苗是指由公民自费并且自愿受种的

害补偿基金费用的一个原因是药物使用和开发带来的公共利益，[1]药品损害补偿基金的社会公益性要求国家此时应当担负起责任，这也是国家给予鼓励和财政补贴的正当性理由。而药品领域的公共利益属性在疫苗之中的体现最为明显，疫苗不仅有利于患者个人，而且通过防止疾病传播更对公众有益。[2]易言之，虽然疫苗接种的直接受益者是接种者本人，但接种者接种疫苗后，不仅可以防止其本人感染传染病，实际上也起到了防止传染病蔓延之作用，避免疾病传染危害国民之健康，避免国家因此遭受巨大损失。因此，接种疫苗不仅使其本人受益，亦有益于疫情之控制，符合国家之公共卫生政策。如果由于接种疫苗导致遭受损害，则可以认为是为公共福祉而遭受的特别牺牲，因此由国家财政给予支持是为恰当。然而运用特别牺牲理论来解释国家参与药品损害补偿基金的理由还存在问题，即特别牺牲理论只能反映国家在疫苗损害中的补偿基础，无法体现具体的疫苗损害责任之结构。第二，一类疫苗是国家强制推行并要求全体公民注射的疫苗，通过必须提供接种证入学等行政手段保证疫苗的接种实施。既然是所有公民必须接种的疫苗，那么由此造成的损害由政府财政予以补贴，"取之于民，用之于民"，理所应当。进言之，由于一类疫苗的接种体现了公权力的强制性，因疫苗接种使疫苗接种人陷入危险，实际上是一种公法上的危险责任。[3]

（接上页）其他疫苗。目前常用的第二类疫苗有流感疫苗、水痘疫苗、B型流感嗜血杆菌疫苗、口服轮状病毒疫苗、肺炎疫苗、狂犬病疫苗等。第一类疫苗与第二类疫苗是相对的，不是绝对不变。由于国家的经济承受能力、疫苗的供应等多种原因，第二类疫苗暂时实行自费接种，随着条件的成熟，许多第二类疫苗也将纳入国家免疫规划。

　　[1]　John G. Fleming, "Drug Injury Compensation Plans," *University of New Brunswick Law Journal*, Vol. 32, 1983, p. 25.

　　[2]　因此，由公共资金为公共资助的疫苗接种计划的受害者提供特别补偿的计划激增。一般来说，公共利益也涉及医药和医疗进步，这足以证明有理由将至少一部分补偿成本转嫁给公共基金。此外，这还将在一定程度上减轻规模较小的生产者的财政负担，因为他们按理说无法将补偿成本分摊给范围广泛的产品及其消费者。

　　[3]　参见伏创宇："强制预防接种补偿责任的性质与构成"，载《中国法学》2017年第4期，第143页。

其次，社会捐助、资金的孳息或者是通过基金管理机构对基金的资本运作之增值收益等，也可以是补偿基金的特别来源。我国《慈善法》对社会捐助事项做出了明确的规定，《慈善法》第3条规定："本法所称慈善活动，是指自然人、法人和非法人组织以捐赠财产或者提供服务等方式，自愿开展的下列公益活动：（一）扶贫、济困；（二）扶老、救孤、恤病、助残、优抚；（三）救助自然灾害、事故灾难和公共卫生事件等突发事件造成的损害；（四）促进教育、科学、文化、卫生、体育等事业的发展；（五）防治污染和其他公害，保护和改善生态环境；（六）符合本法规定的其他公益活动。"可以看出，药品损害补偿基金之设立宗旨符合我国慈善捐助之立法目的，政府也应当鼓励有扶持社会公益事业愿望的个人或者社会团体对药品损害补偿基金提供资助，甚至可以制定与之相关联的税收优惠政策。药品损害补偿基金机构也可以面向社会做出宣传，吸引更多的社会资金，对补偿基金的发展给予支持。

（2）随着学界开始质疑对在强制责任保险费用结构中包含基金分担额是否公平之情势下，有学者提出主张，认为补偿基金的资金筹集对象应从未投保强制责任保险的企业征收，因为药品损害补偿基金在先进国家的实践中，通常使用来自自觉投保了强制责任保险的药品生产企业之资金，来补偿因药品侵权企业没有投保相关责任保险或者是由于技术等原因无法查明责任承担主体时的药害受害人，投保了强制责任保险的生产者为未投保强制保险的危险源持有或使用者买单，加重了依法投保人之负担，实为不妥。[1]从另一个角度说，该主张反对前文的"统一缴纳模式"，补偿基金的征收由基金组织直接向未投保强制责任保险之企业收缴。该主张虽然关注了公平性，且理论上可以促使负有强制责任保险投保义务之主体投保，但在实际运作中，对投保义务人的持续监控之成本使其欠缺可行性。也有学者认为，补偿基金的资金来源，应当是对未依法投保强制责任保险之投

---

[1] 参见林勋发："强制汽车责任保险法主要争议与修正条文评述"，载《本土法学杂志》2005年第69期，第73页。

保义务人之"处罚",当然应除去处罚所涉及相应之费用,较为妥适。[1]质言之,补充基金之征收原则上应以"强制责任保险费包含基金分担额"作为主要来源途径,以"向为投保强制责任保险之投保义务人收取之罚款"作为次要来源途径。[2]总之,如果从既关注公平性又兼顾可行性之标准来衡量,此种主张较为合适。在比较法上,采取此种资金筹集模式的有《日本自动车损害赔偿保障法》,该法第78条及第79条规定,日本的"政府保障事业"是向保险公司依其业务比例征收"赋课金",对于未尽投保义务的汽车使用人则科以"过息金"。[3]

第三节 药品缺陷损害补偿基金的补偿原则

基于损害救济补偿基金的补充性,并非一旦药品损害发生,受害人即可获得基金的补偿,而是当具备特定的要件之后,才能启动基金的补偿程序。换言之,药品损害救济补偿基金的补偿须遵循事先规定的原则和程序。

一、补充性原则

药品损害补偿基金对药害受害人之赔偿义务来源法律之创设,其目的

---

〔1〕 参见黄茂荣:"强制汽车责任保险与责任竞合",载《植根杂志》2003年第20期,第47页。

〔2〕 参见施文森、林建智:《强制汽车保险》,元照出版公司2009年版,第227页。

〔3〕《自動車損害賠償保障法》第七十八条(自動車損害賠償保障事業賦課金);保険会社、組合及び第十条に規定する自動車のうち政令で定めるものを運行の用に供する者は、国土交通省令で定めるところにより、政令で定める金額を、自動車損害賠償保障事業賦課金として政府に納付しなければならない。(《日本自动车损害赔偿保障法》第78条(自动车损害赔偿保险事业赋课金)保险公司、社团以及按照本法第十条规定的将汽车投入运营的主体,根据国土交通省令的规定,必须将政令规定的金额作为汽车损害赔偿保障事业的赋课金向政府缴纳。)《自動車損害賠償保障法》第七十九条(過息金);政府は、第七十二条第一項後段の規定による損害のてん補をしたときは、換害賠償の責に任ずる者に対して、政令で定める金額を過息金として徴収することができる。[《日本自动车损害赔偿保障法》第79条(过息金):政府在根据第72条第1项后段的规定对损害进行补偿时,可以向承担损害赔偿责任的主体,依政令规定的金额征收过息金。]

是补充强制责任保险对受害人救济之疏漏，在民法上承担的责任属于"补充责任"。由此推之，按照其补偿义务之来由，药品损害补偿基金对受害人之补偿当属补充性原则。也就是说，补偿基金只有在侵权事故受害人无法从其他任何途径获得救济时，方得为其提供保障，以维持补偿基金的补充性原则。正是因为补偿基金的补充性，比较法上采补偿基金模式的国家多在立法上明确规定受害第三人在无法获得侵权人赔偿或保险人赔付的情况下方可申请补偿基金的补偿，德国、日本、韩国均有相关规定。

纵观国外或地区立法例，受害人在获取补偿基金救济之前，主要有两种其他填补损失之途径：第一，从侵权事件加害人处获得侵权损害之赔偿。根据德国之判例与学说，只要侵权人尚有赔偿能力，则尚未满足补偿基金申请事由，也就是说，申请补偿基金之救济可以不需要受害人证明自己未获得救济，只需受害人证明侵权人失去清偿能力。[1]从责任承担角度来说，补偿基金承担是补充责任，而非与侵权人一起承担连带责任，是为补偿基金责任之补充性。第二，由保险人处获得保险之赔偿。同上所述，如果受害人获得了保险之赔付，也不满足补偿基金申请事由，反之，保险人在保险责任履行后当然不得代位对补偿基金机构行使请求权。[2]对此，有日本学者认为，补偿基金之来源根据《日本自动车损害赔偿保障法》之规定全部来自强制责任保险费用与相关收入，在学理上受害人对补偿基金的补偿请求权性质被视为"公法上之请求权"，故而当受害人若获得其他途径之救济，会减轻补偿基金之补偿责任。[3]在国外立法例上通常将可以获得补偿基金补偿之事由列举出来，反之无法获得补偿基金补偿也存在许多事由。在交通事故补偿基金中，最典型的是"汽车所有人未投保"和"无法查到肇事车辆"之情形。[4]在药品损害中，通常都可以调查到药品

---

〔1〕　参见叶启洲："德国强制汽车责任保险之法律性质及第三人直接请求权之构造"，载《风险管理学报》2009年第1期，第27页。

〔2〕　参见叶启洲："德国强制汽车责任保险之法律性质及第三人直接请求权之构造"，载《风险管理学报》2009年第1期，第29页。

〔3〕　参见 ［日］坂口光男：《保险法》，文真堂1991年版，第261页。

〔4〕　参见施文森、林建智：《强制汽车保险》，元照出版公司2009年版，第227~228页。

的生产者，但也可能存在生产者未投保相关药品的情形。而未投保也可能包含自始未投保和保险合同期间届满而未续保两种情形。在保险理论上，无论属于哪种情形，其本质上皆属于"保险人不存在给付义务"[1]。质言之，只有受害人无法于强制责任保险人处获得赔偿时，才满足补偿基金之申请事由，方得符合补偿基金对强制责任保险漏洞之补充性原则。除此之外，补偿基金的另一个申请事由是强制责任保险人失去清偿能力。1965年《德国机动车强制责任法》第12条第1项规定："有下列情事之一者，亦得请求汽车交通事故损害赔偿基金赔偿之：……④负给付义务之保险人受破产宣告者。"2007年德国修法后，将该条项规定之内容修改为："保险监督机关对于负给付义务的保险人的财产提出启动破产程序的提案的。"可以看到，德国法一贯将保险人宣告破产、启动破产程序作为失去清偿能力的情形，而允许受害人在此情形下申请补偿基金。

我国《保险法》第100条规定，保险公司应当缴纳保险保障基金，该基金在出现保险人撤销、宣告破产等情形下统筹使用。那么这里有一个问题是，保险公司一旦发生被撤销或者破产之情形时，根据我国保险法之规定，将由保险保障基金向受害人提供救济，那么一旦发生保险保障基金与损害补偿基金重复给付之情形，就违背了补偿基金对受害人救济之补充性原则。故而，按照请求权一般之原理，受害人应当可以向保险保障基金与损害补偿基金中的任意一方行使赔偿请求权，两种基金均不得拒绝。而在两种基金内部之间，同样基于补偿基金对受害人救济之补充性原则，应由保险保障基金承担最终之责任，即当受害人向补偿基金申请补偿后，补偿基金可以代位取得受害人之请求权向保险保障基金求偿，实属公平。

二、从属性原则

当药品损害事故受害人向药品损害补偿基金申请补偿时，基金对受害人的补偿范围应当遵循"从属性原则"，即补偿基金的补偿范围应当与药

---

〔1〕 参见江朝国编著：《强制汽车责任保险法》，中国政法大学出版社2006年版，第268页。

品损害侵权人之责任范围一致。当然，补偿基金机构也同样享有药品损害侵权人对受害人赔偿范围减免之抗辩。[1]申言之，药品损害补偿基金所承担之补偿责任取决于责任法上受害人之损害赔偿请求权，此为补偿基金补偿责任之从属性原则。而且，满足补偿基金申请事项之情形，即保险人不存在给付义务之时，法律之规定是为受害人创设另一债务人，而非赋予其另一额外请求权，故受害人之补偿请求权亦具有从属性。[2]既然补偿基金对受害人的补偿范围应当遵循"从属性原则"，那么理论上保险法与民法上与之相关的规则也当适用。

首先，受害人损害赔偿请求权之抛弃，是从属性原则在保险法上发展出来的基本规则，适用于补偿基金之中可表述为：一旦受害人将其对侵权人之赔偿请求权抛弃，那么对于补偿基金之补偿义务，则视为因受害人之请求权实现而消灭。质言之，保险人可在受害人所抛弃的其对侵权人之请求权范围内免除保险给付义务。[3]

其次，民法上之过失相抵与损益相抵原则。即在补偿基金给予受害人救济时，如果受害人对于损害事实的发生或扩大也有过错，那么也可以减轻补偿基金之给付义务，同时受害人更不能因其遭受的同一损害分别从强制责任保险与补偿基金处获得重复之救济，盖因药品缺陷责任强制保险具有损害填补之性质，损益相抵原则的适用能够避免受害人获得双重受偿。[4]在补偿基金对受害人之补偿中坚持过失相抵与损益相抵原则，更能体现补偿基金之补偿性，有利于衡平受害人与侵权人、保险人、基金机构之间的物质利益关系。

---

〔1〕　参见江朝国编著：《强制汽车责任保险法》，中国政法大学出版社2006年版，第273页。

〔2〕　参见叶启洲："德国强制汽车责任保险之法律性质及第三人直接请求权之构造"，载《风险管理学报》2009年第1期，第24页。

〔3〕　参见叶启洲："德国强制汽车责任保险之法律性质及第三人直接请求权之构造"，载《风险管理学报》2009年第1期，第24~25页。我国《保险法》第61条第1款规定："保险事故发生后，保险人未赔偿保险金之前，被保险人放弃对第三者请求赔偿的权利的，保险人不承担赔偿保险金的责任。"

〔4〕　参见江朝国编著：《强制汽车责任保险法》，中国政法大学出版社2006年版，第274页。

随着未来药品缺陷责任强制保险之实行，其与侵权行为、商业保险、社会保险和药品损害补偿基金等制度之间，一定存在互动关系。参考世界各国之立法例，大致存在以下四种关系：①免责关系，即只要受害人从除侵权人以外之其他途径获得救济，则侵权人之赔偿责任消灭；②选择关系，即受害人只能得到一种方式之救济；③追偿关系，即只要受害人从侵权人处取得全部赔偿，则需退还其从其他方式获得之救济利益；④兼得关系，即受害人可以获得所有途径之救济，而不存在双重受偿之情形。我国的药品损害补偿基金应当采取何种模式为宜？如上文所述，我国补偿基金之设立目的为填补强制责任保险之疏漏，在药品损害救济体系中，药品损害补偿积极之补充性为受害人提供的是"兜底性"之保障，是整个药品损害救济体系中的最后一道门，药品损害补偿基金不是亦不应该是终局责任主体，故应选择"追偿模式"，方始允当。

综上所述，保险公司通常试图根据风险区分保费、奖金制度等来应对被保险人的个体化进程。不断发展的保险技术使保险公司能够对个性化的风险进行详细评估。然而，尽管保险公司有各种各样的控制风险的技术手段，但有些风险，例如药品缺陷风险等，即便保险公司采取了所有的措施，保险公司也往往会得出这样的结论：风险难以被承保。最终，可保或不可保的问题取决于一个词：团结。就其基本形式而言，团结是一群人或风险群体之间的强大联系，当其中一人遭受灾难时，他们在自愿的基础上相互支持。这种基本形式的团结是保险业的基础，而在保险业中，为了弥补保险的疏漏，补偿基金就是通过团体的力量加强风险可保性的有效措施。所以，当我国建立了药品缺陷强制责任保险之后，也应设立药品损害补偿基金，作为药品缺陷责任强制保险的补充，该基金的补偿遵循补充性原则和从属性原则。补充性原则主要是指在药品缺陷责任受害人能通过保险人、侵权人或其他途径获得赔偿的情形下，则在已获赔偿或补偿的范围内，免除补偿基金的补偿义务。从属性原则主要是指补偿金额的补偿范围以法定范围为限，并可适用免责抗辩、过失相抵以及损益相抵等规则。

结　论

—————————— **////** ——————————

随着《民法典》的颁布，侵权规则体系的完善也有利于推进药品损害的救济。然而，对于动辄关乎健康和生命的药品来说，及时与便捷才是第一需求，在这个意义上，产品责任立法的完善只是为药品损害的救济打下了良好的规则基础，而仍然没有提供更具操作性的技术方案。本书对药品缺陷责任强制保险的分析，正是立足民法基础规则，以及时、有效地救济药品损害的受害人为导向，得出结论如下：

一、构建药品缺陷责任强制保险制度救济药品损害

比较法上，药品损害救济的相关理念大体上经历了从责任承担到风险分担的转变，而风险分担的具体方式又有所不同，代表性的方式主要有美国的产品责任制度、德国的药品责任强制保险、瑞典的药品保险模式等。在美国法上，主要依据产品责任制度救济药品损害，而美国产品责任的归责理念也经历了过失责任到担保责任再到严格责任的发展过程。德国的药品损害救济制度以充分保护受害人权益为指导理念，较为彻底地贯彻了从责任承担到损害填补的转变，并在药品管理法中明确规定药品责任强制保险。随着侵权法的衰落，瑞典的药品损害救济方式主要是药品保险制度，该形式植根于瑞典长久以来建立起的坚实社会保障体系，高福利的社会救助使得国家有能力让全部的药品企业以集团的形式投保，保障受害人的权益。比较分析瑞典式的药品保险与德国式的药品责任强制保险模式，我国

的社会保障基础以及较为低效的药品侵权监测体系均不足以支撑瑞典式药品保险制度的构建。比较分析药品责任保险"任意"与"强制"模式，强制保险模式在药品损害救济上具有优越性，强制责任保险作为法律强制缔结的保险合同关系，保险合同当事人的利益应当服从于社会总利益，旨在填补受害第三人的损失，维护整个社会的公平和安全。

商业保险合同本质上是当事人意思自治的体现，但强制保险的法律强制性体现了政府干预对契约自由原则的突破，其正当性源于立法对社会生活及科技发展的必要回应。首先，构建药品缺陷责任强制保险的外在基础是药品领域的信息不对称，在法经济学的立场上，政府应当保持必要的谦抑性，实施强制责任保险的前提是任意责任保险的市场失灵，信息不对称在药品领域的表现尤为突出。其次，构建药品缺陷责任强制保险的内在基础是药品责任认定以无过错责任为原则。从立法目的上看，无过错责任与强制责任保险具有内在的一致性，二者都是法律基于公共利益的特别考量。最后，药品缺陷责任强制保险的优势在于高效率的救济，药品缺陷责任强制保险能够使受害人及时得到赔偿，避免出现致害人因各种原因无法赔偿而给政府带来沉重负担，最后广大受害者成为事故成本最大承担者的情形。这是基于受害者权益救济而构建药品缺陷责任强制保险的实质理由，体现了保险法的正义价值。

二、完善药品缺陷责任的民法规则以提高可保性

从保险法的视角讨论药品损害的救济，须以相关的民法规则为基础，我国民法上并未就药品损害的民事救济专门立法，主要的规则散见于《民法典》及《产品质量法》等法律法规的产品责任制度中。梳理现有的产品责任制度，基于药品以及药品侵权的特殊性，首先，应以不合理危险为中心来构建药品缺陷的认定规则。根据我国《产品质量法》第 46 条规定，认定产品是否存在缺陷有两个层次的标准：第一层次是相关的国家标准和行业标准，如果具备标准，则优先适用相关标准；第二层次是"不合理危

险"标准，在不具备相关国家和行业标准的情形下，适用"不合理危险"标准。相比我国的具体与抽象结合的双层次认定标准，在比较法上，对产品缺陷的规定大多采用不合理危险或不符合合理期待等抽象标准。以具体的国家、行业标准作为认定缺陷的第一层次标准，在一定程度上降低了缺陷认定的难度，但是具体运用到药品缺陷的认定上，还存在诸多疑问。作为产品的一种类型，当前对药品缺陷的认定也遵循上述双层次标准，然而，潜在的危险性是药品的固有属性，即便是符合国家标准、行业标准的上市药品亦如此，符合标准的药品不等于是不存在不合理危险的药品。此外，由于药品在上市之前，必须经过行业标准、国家标准的检验，换言之，上市药品一般都符合国家标准或者行业标准，在某种程度上，在药品领域适用行业标准、国家标准来认定缺陷，事实上是架空了不合理危险标准的。结合比较法上的消费者期待标准和风险收益标准，在药品的缺陷认定上，应构建一种以"不合理危险"为核心的综合认定标准。具体而言，首先，将产品的缺陷分为设计、制造、警示和观察缺陷，行业标准和国家标准主要是基于产品的制造、设计而提出的，而警示和观察缺陷则不涉及相关的技术标准，认定缺陷首先应当考虑相关缺陷的类型。其次，以抽象的"不合理危险"标准为核心，该标准综合了风险的可预见性、危害后果的可避免性的要求，包括了消费者对产品安全的合理期待，也暗含了风险和收益的权衡，不论是设计和制造缺陷，还是警示和观察缺陷认定均可适用。最后，由于不合理危险标准较为抽象，在实际的认定中，需要法官考量的具体因素较多，若存在相关的行业标准和国家标准，可以作为认定药品的设计和制造是否存在不合理危险的参考。其次，以相当因果关系与疫学因果关系相结合来认定药品侵权责任中的因果关系。基于药品的特殊性，对于罕见的药品缺陷损害，受害人的证明往往难以达到相关因果关系的标准，也就不能满足我国民事诉讼中高度盖然性的证明要求，实践中逐步发展出合理盖然性或一般盖然性的标准，疫学因果关系就是符合合理盖然性的标准。疫学因果关系是指借用疫学原理来认定因果关系的理论和方法，在药品缺陷损害责任中，具有可适用性。

三、在药品缺陷责任强制保险的具体制度中突出药品的特殊性

在广泛的产品领域中，药品以其与人类生命、健康的紧密关系而获得特殊关注的必要性，因此，在药品缺陷责任强制保险制度的具体构建中，重要的是突出药品的特殊性。

第一，关注药品损害的潜伏性，保护受害人在长尾风险事故中的索赔权。潜伏性意味着长尾风险的存在，长尾风险的核心内涵在于责任保险中导致损失的事故发生、索赔行为和理赔行为三者在时间上分离的长度。这导致损失的风险事故与损失确定、被保险人提出索赔和保险人进行理赔之间有一个较长的时滞过程，造成保险人无法准确预计保险产品可能造成的潜在伤害，既给保险人的稳健经营和风险管控带来不确定性，也增加了受害人的索赔难度。一方面，保险法尤其是保险合同法的商法属性要求强制责任保险的立法应当寻求商法与消费者法的平衡，另一方面，强制责任保险的属性又要求具体的规则微微向受害人倾斜，因此，构建长尾风险的索赔与理赔规则既要以受害人的利益为先，又要兼顾保险人和被保险人利益的平衡。药品损害保险事故的认定方式应为期内发生式，即药品所引发的损害从"患"病到发病通常都有一定的时滞过程，但药品损害的致害因素起作用即服用药品的时间必须是在保险期限内，而发病时间则可以是在保险期限以外。

第二，关注药品损害救济在目的上的特殊性，以受害人利益为核心，赋予其完整的直接请求权。以牺牲合同当事人的契约自由为代价，药品缺陷责任强制保险的目的在于对受害第三人的救济，具体规则的构建须以落实上述目的为基本导向，为此，应赋予第三人完整的直接请求权。一般认为，我国相关立法并未真正赋予强制责任保险中第三人的直接请求权，首先，《保险法》限制了第三人的直接请求权，根据《保险法》第65条的规定，第三人行使直接请求权有两个前提条件，一为被保险人对第三者应负的赔偿责任须确定，二为被保险人提出请求或者怠于请求。上述条件的限

制与第三人直接请求权所要达到的及时救济受害人之目的存在冲突。其次，《机动车交通事故责任强制保险条例》关于第三人直接请求权的立场较为模糊，该条例第 28 条规定："被保险机动车发生道路交通事故的，由被保险人向保险公司申请赔偿保险金。"第 31 条规定："保险公司可以向被保险人赔偿保险金，也可以直接向受害人赔偿保险金。"根据上述规定，受害人能否得到及时赔付取决于保险人的意愿，且法律并不强制保险人直接向受害第三人赔付。虽然在实务中多有法官根据该条例，认为受害第三人拥有直接请求权，但从条文本身来看，其核心要旨是赋予保险人选择赔付对象的权利，而非赋予受害第三人直接请求权。在药品缺陷责任强制保险中应当赋予第三人以完整的直接请求权。其一，基于并存的债务承担理论，责任保险合同可视为债务承担合同，保险人作为债务承担人加入被保险人与受害第三人的侵权债务关系当中，符合既有的私法理论。其二，虽然保险合同系由保险人与被保险人订立，但被保险人因侵权而产生的对受害第三人的赔偿责任是责任保险的保险标的，也是制度构建的核心要素。基于此，第三人的直接请求权符合责任保险的立法目的，且独立于保险人与被保险人的合同关系。其三，为充分保护受害第三人，赋予其直接请求权是保险发达国家责任保险立法的典型做法，并取得了良好的效果。在药害事故中，赋予受害人直接请求权，有助于受害人得到及时充分的救济，尤其在药品缺陷导致了大规模侵权，受害人众多之时。同时，受害人享有直接请求权也能避免药品企业陷入繁杂的侵权赔偿中，维持或尽快恢复生产经营，有利于进一步推进药品行业的整体发展。

四、构建药品缺陷损害补偿基金作为强制责任保险的补充

囿于保险制度和保险技术之局限性，强制责任保险亦存在无法填补受害人损害的情形，因此，为使受害人获得更加全面的保障，在实施药品缺陷责任强制保险的基础上，我国还应设置药品缺陷损害补偿基金。对于药品生产者而言，强制责任保险的实施可以在一定程度上分散药害事件所生

产的风险，也在一定程度上使其面临了经营风险。各国的补偿基金制度实践证明，基金救济模式有利于社会长远之利益。从债权债务的角度来看，由法律将药品损害补偿基金机构创设为药品损害侵权人和药品缺陷责任强制保险人之外的其他债权人，在受害人无法获得其他途径的救济时，赋予补偿基金机构以补偿义务来满足受害人之损害赔偿请求权。基金的资金筹集既包括内部来源也包括外部来源，所谓内部来源，是基于危险创设与分担的原则，由药品缺陷责任强制保险中的责任主体承担；外部来源则是基于公平原则，由除责任主体以外的其他相关主体承担。作为药品缺陷责任强制保险的补充，该基金的补偿遵循补充性原则和从属性原则。补充性原则主要是指在药品缺陷责任受害人能通过保险人、侵权人或其他途径获得赔偿的情形下，则在已获赔偿或补偿的范围内，免除补偿基金的补偿义务。从属性原则主要是指补偿金额的补偿范围以法定范围为限，并可适用免责抗辩、过失相抵以及损益相抵等规则。

参考文献

////

一、中文著作类

[1] 陈彩稚：《财产与责任保险》，智胜文化事业有限公司 2006 年版。

[2] 陈继尧：《汽车保险理论与实务》，智胜文化事业有限公司 2006 年版。

[3] 陈璐：《产品责任》，中国法制出版社 2010 年版。

[4] 陈璐：《药品侵权责任研究》，法律出版社 2010 年版。

[5] 陈猷龙：《保险法论》，瑞兴图书股份有限公司 2010 年版。

[6] 蔡颖雯：《侵权责任法判例与赔偿系列——环境侵权法》，中国法制出版社 2010 年版。

[7] 程啸：《侵权责任法》，法律出版社 2021 年版。

[8] 邓成民等：《中外保险法律制度比较研究》，知识产权出版社 2002 年版。

[9] 丁凤楚：《机动车交通事故侵权责任强制保险制度》，中国人民公安大学出版社 2007 年版。

[10] 丁利明：《国际产品责任法律适用研究》，民族出版社 2014 年版。

[11] 董春华：《中美产品缺陷法律制度比较研究》，法律出版社 2010 年版。

[12] 樊启荣：《保险法论》，中国法制出版社 2001 年版。

[13] 樊启荣：《保险法诸问题与新展望》，北京大学出版社 2015 年版。

[14] 樊启荣编著：《责任保险与索赔理赔》，人民法院出版社 2002 年版。

[15] 冯凯：《美国侵权法：判例和解释》，中国政法大学出版社 2016 年版。

[16] 郭峰等：《强制保险立法研究》，人民法院出版社 2009 年版。

[17] 郭宏彬：《责任保险的法理基础》，机械工业出版社 2016 年版。

[18] 郭颂平主编：《责任保险》，南开大学出版社 2006 年版。

［19］郭左践：《机动车强制责任保险制度比较研究》，中国财政经济出版社 2008 年版。

［20］顾祝轩：《民法系统论思维》，法律出版社 2012 年版。

［21］韩世远：《合同法总论》，法律出版社 2011 年版。

［22］黄丁全：《医疗法律与生命伦理》，法律出版社 2004 年版。

［23］黄茂荣：《法学方法与现代民法》，中国政法大学出版社 2001 年版。

［24］黄茂荣：《债法总论》（第 2 册），中国政法大学出版社 2003 年版。

［25］江朝国：《保险法基础理论》，中国政法大学出版社 2002 年版。

［26］江朝国：《保险法论文集（三）》，瑞兴图书股份有限公司 2001 年版。

［27］江朝国：《保险法逐条释义（第一卷总则）》，元照出版公司 2012 年版。

［28］江朝国编著：《强制汽车责任保险法》，中国政法大学出版社 2006 年版。

［29］焦艳玲：《药品不良反应法律救济制度研究》，知识产权出版社 2011 年版。

［30］焦艳玲：《药品侵权问题研究》，法律出版社 2020 年版。

［31］靳文静：《产品缺陷侵权责任例解与法律适用》，人民出版社 2010 年版。

［32］李俊主编：《美国产品责任法案例评选》，对外经济贸易大学出版社 2007 年版。

［33］李青武：《机动车责任强制保险制度研究》，法律出版社 2010 年版。

［34］李晓林、余晨辉：《日本强制性保险制度研究》，中国财政经济出版社 2018 年版。

［35］李响：《美国产品责任法精义》，湖南人民出版社 2009 年版。

［36］林宝清：《保险法原理与案例》，清华大学出版社 2006 年版。

［37］林群弼：《保险法论》，三民书局 2015 年版。

［38］罗璨：《责任保险的扩张与应用》，法律出版社 2019 年版。

［39］刘大洪：《法经济学视野中的经济法研究》，中国法制出版社 2008 版。

［40］刘红宁、田侃主编：《药事管理学》，中国中医药出版社 2015 年版。

［41］刘静：《产品责任论》，中国政法大学出版社 2000 年版。

［42］刘玉林：《大规模侵权责任保险基本问题研究》，世界图书出版广东有限公司
2016 年版。

［43］刘宗荣：《保险法：保险契约法暨保险业法》，元照出版公司 2016 年版。

［44］陆荣华：《英美责任保险理论与实务》，江西高校出版社 2005 年版。

［45］孟锐：《药事管理学》，科学出版社 2009 年版。

［46］邱聪智：《从侵权行为归责原理之变动论危险责任之构成》，中国人民大学出版
社 2006 年版。

［47］邱聪智：《新订债法各论（下）》，中国人民大学出版社 2006 年版。

［48］亓培冰、张江莉：《产品责任前沿问题审判实务》，中国法制出版社 2014 年版。

［49］齐瑞宗、肖志立：《美国保险法律与实务》，法律出版社 2006 年版。

［50］冉克平：《产品责任理论与判例研究》，北京大学出版社 2014 年版。

［51］邵海：《现代侵权法的嬗变——以责任保险的影响为视角》，法律出版社 2012 年版。

［52］石宏：《〈中华人民共和国民法典〉立法精解》，中国检察出版社 2020 年版。

［53］施文森、林建智：《强制汽车保险》，元照出版公司 2009 年版。

［54］宋成英、张知贵：《药品、毒品与兴奋剂》，第四军医大学出版社 2013 年版。

［55］宋华琳：《药品行政法专论》，清华大学出版社 2015 年版。

［56］孙宏涛：《产品责任强制保险制度研究》，北京大学出版社 2018 年版。

［57］孙祁祥主编：《保险学》，北京大学出版社 2003 年版。

［58］谭玲主编：《质量侵权责任研究》，中国检察出版社 2003 年版。

［59］王静：《保险案件裁判精要》，法律出版社 2019 年版。

［60］王军：《侵权法上严格责任的原理和实践》，法律出版社 2006 年版。

［61］王利明：《侵权责任法研究（下卷）》，中国人民大学出版社 2016 年版。

［62］王利明等：《中国侵权责任法教程》，人民法院出版社 2010 年版。

［63］王胜明：《中华人民共和国侵权责任法释义》，法律出版社 2013 年版。

［64］汪立志主编：《强制保险的国际比较研究》，中国金融出版社 2016 年版。

［65］汪信君、廖世昌：《保险法理论与实务》，元照出版公司 2010 年版。

［66］王瑛：《我国药品不良反应损害救济制度的构建》，法律出版社 2020 年版。

［67］王泽鉴：《侵权行为法（二）：特殊侵权行为》，三民书局 2006 年版。

［68］温世扬主编：《保险法》，法律出版社 2016 年版。

［69］吴定富主编：《中国责任保险发展论坛》，中国建筑工业出版社 2005 年版。

［70］许传玺：《美国产品责任制度研究》，法律出版社 2013 年版。

［71］许飞琼：《责任保险》，中国金融出版社 2007 年版。

［72］徐文虎、陈冬梅主编：《保险学》，北京大学出版社 2008 年版。

［73］熊进光：《大规模侵权损害救济论——公共政策的视角》，江西人民出版社 2013 年版。

［74］杨华柏：《保险纠纷典型案例评析》，人民法院出版社 2004 年版。

［75］杨立新：《侵权责任法》，法律出版社 2021 年版。

［76］杨立新：《医疗损害责任法》，法律出版社 2012 年版。

[77] 杨立新主编：《侵权法热点问题法律应用》，人民法院出版社 2000 年版。

[78] 杨立新主编：《世界侵权法学会报告（1）：产品责任》，人民法院出版社 2015 年版。

[79] 叶启洲：《保险法》，元照出版公司 2021 年版。

[80] 游春、何方、尧金仁：《绿色保险制度研究》，中国环境科学出版社 2009 年版。

[81] 于海纯、傅春燕编著：《新保险法案例评析》，对外经济贸易大学出版社 2009 年版。

[82] 于敏：《日本侵权行为法》，法律出版社 2006 年版。

[83] 袁宗蔚：《保险学——危险与保险》，首都经济贸易大学出版社 2000 年版。

[84] 岳红强：《风险社会视域下危险责任制度研究》，法律出版社 2016 年版。

[85] 曾世雄：《损害赔偿法原理》，中国政法大学出版社 2001 年版。

[86] 曾言、李祖全：《医疗责任强制保险制度研究》，湖南师范大学出版社 2009 年版。

[87] 张新宝：《机动车第三者责任强制保险制度研究报告》，法律出版社 2005 年版。

[88] 张新宝、陈飞：《机动车交通事故责任强制保险条例理解与适用》，法律出版社 2006 年版。

[89] 赵志刚：《当代药学辞典》，化学工业出版社 2006 年版。

[90] 郑玉波：《保险法论》，三民书局 1998 年版。

[91] 钟秉正：《社会保险法论》，三民书局 2014 年版。

[92] 《中国药学大辞典》编写组：《中国药学大辞典》，人民卫生出版社 2010 年版。

[93] 朱广新：《合同法总则》，中国人民大学出版社 2012 年版。

[94] 朱怀祖：《药物责任与消费者保护》，五南图书出版公司 1997 年版。

[95] 邹海林：《保险法》，社会科学文献出版社 2017 年版。

[96] 邹海林：《保险法学的新发展》，中国社会科学出版社 2015 年版。

[97] 邹海林：《责任保险论》，法律出版社 1999 年版。

二、中文论文类

[1] 陈飞："论我国责任保险立法的完善：以新《保险法》第 65 条为中心"，载《法律科学》2011 年第 5 期。

[2] 陈会平："疫苗不良反应损害救济及其路径选择"，载《保险研究》2011 年第 6 期。

[3] 陈伟："疫学因果关系及其证明"，载《法学研究》2015 第 4 期。

［4］ 陈龙业："产品缺陷论"，中国人民大学 2009 年博士学位论文。

［5］ 董春华："对严格产品责任正当性的质疑与反思"，载《法学》2014 年第 12 期。

［6］ 董春华："输血致害责任举证规则实证研究"，载《法学论坛》2015 年第 5 期。

［7］ 樊启荣、刘玉林："机动车第三者责任险被保险人之扩张及其限度——以共同被保险人为中心"，载《保险研究》2015 年第 4 期。

［8］ 方晓栋："美国责任保险市场发展现状"，载《中国保险》2015 年第 8 期。

［9］ 冯德淦："多数人侵权中保险人责任研究"，载《保险研究》2019 年第 1 期。

［10］ 冯德淦："论责任保险中受害人直接请求权的构建"，载《法治社会》2021 年第 5 期。

［11］ 伏创宇："强制预防接种补偿责任的性质与构成"，载《中国法学》2017 年第 4 期。

［12］ 高立飞、王国军："强制保险对商业保险的带动作用研究"，载《保险研究》2020 年第 5 期。

［13］ 高圣平："产品责任法律制度研究——以《侵权责任法》第五章为分析对象"，载《私法研究》2010 年第 2 期。

［14］ 高圣平："论产品责任的责任主体及归责事由"，载《政治与法律》2010 年第 5 期。

［15］ 顾加栋、王存贵："关于药品侵权的几点思考——一起注射疫苗过敏案件评析"，载《法律与医学杂志》2003 年第 2 期。

［16］ 郭锋、胡晓珂："强制责任保险研究"，载《法学杂志》2009 年第 5 期。

［17］ 郭萍、武利海："论船舶油污强制责任保险中第三人直接请求权的行使"，载《法学杂志》2012 年第 9 期。

［18］ 郭振华："责任保险：市场失灵、立法强制与道德风险管理"，载《金融理论与实践》2007 第 2 期。

［19］ 韩长印："我国交强险立法定位问题研究"，载《中国法学》2012 年第 5 期。

［20］ 贺红强："瑞典医疗保障制度对我国的启示和借鉴"，载《中国卫生法制》2013 年第 1 期。

［21］ 贺红强、翟方明："论药品不良反应损害救济模式及中国的进路"，载《重庆医学》2012 年第 23 期。

［22］ 何启豪、金融："在商法与消费者法之间寻求平衡的保险法——美国《责任保险法重述》评述与启示"，载《保险研究》2020 年第 2 期。

[23] 何晓平："论我国药品损害救济体系的构建"，载《法学杂志》2011年第7期。

[24] 侯国跃："输血感染损害责任的归责原则和求偿机制"，载《社会科学》2014年第2期。

[25] 贾林青："创设产品安全责任保险的必要性与可行性"，载《社会科学辑刊》2012年第1期。

[26] 贾林青："交强险需要确认交通事故受害人的直接赔偿请求权"，载《法律适用》2014年第10期。

[27] 江朝国："社会保险、商业保险在福利社会中的角色——以健康安全及老年经济安全为中心"，载《月旦法学杂志》2010年第179期。

[28] 蒋兰香："日本疫学因果关系理论及其对我国环境刑事司法的借鉴"，载《刑法论丛》2010年第1期。

[29] 康雷闪："保险法损失补偿原则规范功能之重塑——以'禁止得利'向'充分补偿'之学说演进为中心"，载《保险研究》2020年第3期。

[30] 肯·奥立芬特："产品责任：欧洲视角的比较法评论"，王竹、王毅纯译，载《北方法学》2014年第4期。

[31] 李飞："保险法上如实告知义务之新检视"，载《法学研究》2017年第1期。

[32] 李昕："从吉林'2.15'事故看火灾公众责任强制保险"，载《保险研究》2004年第7期。

[33] 李祝用、姚兆中："再论交强险的制度定位——立法的缺陷、行政法规与司法解释的矛盾及其解决"，载《保险研究》2014年第4期。

[34] 黎江虹、毕系阳："新《食品安全法》视域下网络食品消费者权益保护路径分析"，载《广西科技师范学院学报》2017年第3期。

[35] 李雯静："论输血及血液制品感染的侵权责任"，载《时代法学》2014年第4期。

[36] 梁慧星："论《侵权责任法》中的医疗损害责任"，载《法商研究》2010年第6期。

[37] 梁亚等："论产品缺陷类型对产品责任归责原则的影响——《侵权责任法》第41条生产者责任之解释与批判"，载《法律适用》2011年第1期。

[38] 刘大洪："论经济法上的市场优先原则：内涵与适用"，载《法商研究》2017年第2期。

[39] 刘琳："我国药品安全监管法律制度研究"，重庆大学2020年博士学位论文。

[40] 刘溪："药品责任立法比较研究"，载《西南民族大学学报（人文社科版）》

2003 年第 11 期。

[41] 刘鹏、孙燕茹："中国食品安全责任强制保险的制度分析与流程设计"，载《武汉大学学报（哲学社会科学版）》2014 年第 4 期。

[42] 刘学生："保险合同法修订理念及立法基础问题评述"，载《法学》2010 年第 1 期。

[43] 刘玉林："论责任保险事故认定标准之立法重构——兼评我国《保险法》第 65 条之规定"，载《保险研究》2017 年第 8 期。

[44] 卢玮："食品安全责任保险立法模式的比较与选择"，载《法学》2015 年第 8 期。

[45] 罗向明："论责任保险中'长尾巴'风险的影响与防范术——兼议新《保险法》第八十七条之立法缺陷"，载《经济与管理研究》2010 年第 12 期。

[46] 麻广霖、张伟："改革开放 40 年中国药品标准工作回顾与展望"，载《中国药品标准》2018 年第 6 期。

[47] 马宁："中国交强险立法的完善：保险模式选择与规范调适"，载《清华法学》2019 年第 5 期。

[48] 马宁："责任保险人抗辩义务规范的继受与调适"，载《法学》2015 年第 4 期。

[49] 梅瑞琦、张里安："美国法上输血感染病毒案件判决之评析"，载《私法研究》2014 年第 1 期。

[50] 彭诚信："现代权利视域中利益理论的更新与发展"，载《东方法学》2018 年第 1 期。

[51] 齐晓霞："药害事故防范与救济制度研究"，复旦大学 2011 年博士学位论文。

[52] 冉克平："论产品设计缺陷及其判定"，载《东方法学》2016 年第 2 期。

[53] 沈小军："论责任保险中被保险人的责任免除请求权"，载《法学家》2019 年第 1 期。

[54] 孙宏涛："产品责任保险之投保人研究"，载《保险研究》2013 年第 6 期。

[55] 孙宏涛："论强制保险的正当性"，载《华中科技大学学报（社会科学版）》2009 年第 4 期。

[56] 孙宏涛、赵婷婷："药品侵权责任强制保险制度研究"，载《保险研究》2014 年第 9 期。

[57] 孙笑侠、郭春镇："法律父爱主义在中国的适用"，载《中国社会科学》2006 年第 1 期。

[58] 藤塚晴生、鲍荣振："关于产品责任立法化的考察"，载《环球法律评论》1992

年第 5 期。

[59] 王保玲、孙健："产品责任保险市场的逆向选择研究"，载《兰州学刊》2019 年第 4 期。

[60] 王乐兵："自动驾驶汽车的缺陷及其产品责任"，载《清华法学》2020 年第 2 期。

[61] 王理万："商业性强制保险制度的合宪性分析"，载《法学家》2017 年第 2 期。

[62] 王萱萱等："构筑综合监管保障体系，强化疫苗安全治理"，载《南京医科大学学报（社会科学版）》2019 年第 1 期。

[63] 王竹："比较法视角下的产品责任法基础问题"，载《求是学刊》2014 年第 2 期。

[64] 王竹："论医疗产品责任规则及其准用"，载《法商研究》2013 年第 3 期。

[65] 温世扬、姚赛："责任保险保险事故理论的反思与重建"，载《保险研究》2017 年第 8 期。

[66] 吴向军："论医院为患者所输血液的法律属性"，载《河北法学》2002 年第 5 期。

[67] 吴志正："以疫学手法作为民事因果关系认定之检讨"，载《东吴法律学报》2008 年第 1 期。

[68] 夏庆锋："保险合同条款争议的中间立场解释方法"，载《保险研究》2019 年第 11 期。

[69] 肖峰："我国食品安全制度与责任保险制度的冲突及协调"，载《法学》2017 年第 8 期。

[70] 肖刚："论责任保险与侵权行为法的关系"，载《华东政法学院学报》2003 年第 4 期。

[71] 邢海宝："智能汽车对保险的影响：挑战与回应"，载《法律科学（西北政法大学学报）》2019 年第 6 期。

[72] 许安标："《药品管理法》修改的精神要义、创新与发展"，载《行政法学研究》2020 年第 1 期。

[73] 徐蓉、邵蓉："国外药品不良反应救济制度简介"，载《中国药事》2005 年第 9 期。

[74] 徐喜荣："论实施医疗责任强制保险的法理基础"，载《河北法学》2018 年第 1 期。

[75] 许中缘、范沁宁："人工智能产品缺陷司法认定标准之研究"，载《重庆大学学报年（社会科学版）》2020 年第 4 期。

[76] 薛军："合同涉他效力的逻辑基础和模式选择"，载《法商研究》2019 年第 3 期。

[77] 杨华柏："完善我国强制保险制度的思考"，载《保险研究》2006 年第 10 期。

[78] 杨立新："论医疗产品损害责任"，载《政法论丛》2009 年第 2 期。

[79] 杨立新："有关产品责任案例的亚洲和俄罗斯比较法研究"，载《求是学刊》 2014 年第 2 期。

[80] 杨立新、杨震："有关产品责任案例的中国法适用"，载《北方法学》2013 年第 5 期。

[81] 杨洁："论智能汽车产品缺陷认定及其责任承担"，载《东南大学学报（哲学社 会科学版）》2020 年第 6 期。

[82] 杨勇："任意责任保险中受害人直接请求权之证成"，载《政治与法律》2019 年 第 4 期。

[83] 叶启洲："德国强制汽车责任保险之法律性质及第三人直接请求权之构造"，载 《风险管理学报》2009 年第 1 期。

[84] 叶启洲："第三人直接请求权与保险契约上之抗辩"，载《月旦法学教室》2010 年第 90 期。

[85] 叶正明："国外药品不良反应损害救济制度述评及其对我们的启示"，载《时代 法学》2005 年第 1 期。

[86] 叶正明："药品不良反应的法律定性及其后果的救济"，载《法律与医学杂志》 2005 年第 1 期。

[87] 于海纯："我国食品安全责任强制保险的法律构造研究"，载《中国法学》2015 年第 3 期。

[88] 于敏："海峡两岸强制汽车责任保险法律制度比较研究——从国际趋势和受害人 保护看两岸措施统合之必要"，载《中国法学》2007 年第 5 期。

[89] 俞双燕等："药品分类管理现状及对策研究"，载《中国药事》2016 年第 1 期。

[90] 臧冬斌："医疗事故罪中疫学因果关系适用之探讨"，载《中州学刊》2008 年第 3 期。

[91] 曾娜："从《道路交通安全法》看强制责任保险的发展对策"，载《昆明理工大 学学报（社会科学版）》2004 年第 4 期。

[92] 曾祥生、周珺："商业性强制保险初论"，载《武汉大学学报（哲学社会科学 版）》2007 年第 4 期。

[93] 张东昱："强制责任保险：政府经济管理职能视角的考察"，载《东南学术》 2007 年第 6 期。

［94］张江莉："论销售者的产品责任"，载《法商研究》2013 年第 3 期。

［95］张建平、杨晓林："齐二药、鱼腥草与欣弗：药品安全事件的法律思考"，载《药学服务与研究》2007 年第 7 期。

［96］张力毅："交强险中受害人直接请求权的理论构造与疑难解析"，载《法律科学（西北政法大学学报）》2018 年第 3 期。

［97］张力毅："论美国机动车无过错保险制度变革及对我国交强险混合立法模式的借鉴"，载《保险研究》2017 年第 12 期。

［98］张卿、黄硕："强制责任保险制度的适用性分析——以对受害人的救济与事故预防为视角"，载《青海社会科学》2020 年第 1 期。

［99］张新宝、岳业鹏："大规模侵权损害赔偿基金：基本原理与制度构建"，载《法律科学（西北政法大学学报）》2012 年第 1 期。

［100］张云："突破与超越：《侵权责任法》产品后续观察义务之解读"，载《现代法学》2011 年第 5 期。

［101］赵明非："输血感染侵权归责原则之反思"，载《郑州大学学报》2015 年第 2 期。

［102］赵明昕："机动车第三者强制责任保险的利益平衡问题研究"，载《现代法学》2005 年第 4 期。

［103］钟智英、宋民宪："非缺陷药品侵权责任研究"，载《中药与临床》2012 年第 3 期。

［104］周海珍："强制保险能否提高保险市场效率"，载《清华大学学报（哲学社会科学版）》2009 年第 S1 期。

［105］邹志洪、曹顺明："论我国强制保险立法的完善"，载《保险研究》2007 年第 9 期。

三、译著类

［1］［奥地利］伯恩哈德·A. 科赫、赫尔穆特·考茨欧：《比较法视野下的人身伤害赔偿》，陈永强、徐同远等译，中国法制出版社 2012 年版。

［2］［奥地利］海尔姆特·库齐奥：《侵权责任法的基本问题（第一卷）：德语国家的视角》，朱岩译，北京大学出版社 2017 年版。

［3］［澳］彼得·凯恩：《阿蒂亚论事故、赔偿及法律》，王仰光等译，中国人民大学出版社 2008 年版。

［4］［奥］赫尔穆特·考茨欧、瓦内萨·威尔科克斯主编：《惩罚性赔偿金：普通法与大陆法的视角》，窦海洋译，中国法制出版社 2012 年版。

［5］［德］奥特马·尧厄尼希：《民事诉讼法》，周翠译，法律出版社 2003 年版。

［6］［德］本德·吕特斯、阿斯特丽德·施塔德勒：《德国民法总论》，于馨森、张姝译，法律出版社 2017 年版。

［7］［德］埃尔温·多伊奇、汉斯·于尔根·阿伦斯：《德国侵权法》，叶名怡等译，中国人民大学出版社 2016 年版。

［8］［德］迪尔克·罗歇尔德斯：《德国债法总论》，沈小军、张金海译，中国人民大学出版社 2014 年版。

［9］［德］迪特尔·梅迪库斯：《德国债法总论》，杜景林、卢谌译，法律出版社 2004 年版。

［10］［德］克雷斯蒂安·冯·巴尔：《欧洲比较侵权行为法（下卷）》，焦美华译，法律出版社 2004 年版。

［11］［德］格哈德·瓦格纳主编：《比较法视野下的侵权法与责任保险》，魏磊杰、王之洲、朱淼译，中国法制出版社 2012 年版。

［12］［德］汉斯-贝恩德·舍费尔、克劳斯·奥特：《民法的经济分析》，江清云、杜涛译，法律出版社 2009 年版。

［13］［德］汉斯·布洛克斯、沃尔夫·瓦尔克：《德国民法总论》，张艳译，中国人民大学出版社 2012 年版。

［14］［德］K. 茨威格特、H. 克茨：《比较法总论》，潘汉典等译，法律出版社 2003 年版。

［15］［德］克雷斯蒂安·冯·巴尔：《大规模侵权损害责任法的改革》，贺栩栩译，中国法制出版社 2010 年版。

［16］［德］克雷斯蒂安·冯·巴尔：《欧洲比较慢权行为法（上）》，张新宝译，法律出版社 2001 年版。

［17］［德］莱因荷德·齐佩利乌斯：《法学方法论》，金振豹译，法律出版社 2009 年版。

［18］［德］马克西米利安·福克斯：《侵权行为法》，齐晓琨译，法律出版社 2006 年版。

［19］［德］乌尔里希·马克努斯主编：《社会保障法对侵权法的影响》，李威娜译，中国法制出版社 2012 年版。

［20］［法］费朗索瓦·泰雷：《法国债法：契约篇（上）》，罗结珍译，中国法制出版社 2018 年版。

［21］［法］亚历山大·基斯：《国际环境法》，张若思译，法律出版社 2000 年版。

［22］［荷］威廉·范博姆、米夏埃尔·富尔：《在私法体系与公法体系之间的赔偿转移》，黄本莲译，中国法制出版社 2012 年版。

［23］美国法律研究院：《侵权法重述第三版：产品责任》，肖永平、龚乐凡、汪雪飞译，法律出版社 2006 年版。

［24］［美］埃米特·J. 沃恩、特丽莎·M. 沃恩：《危险原理与保险》，张洪涛等译，中国人民大学出版社 2002 年版。

［25］［美］大卫·D. 弗里德曼：《经济学语境下的法律规则》，杨欣欣译、龙华编校，法律出版社 2004 年版。

［26］［美］戴维·G. 欧文：《产品责任法》，董春华译，中国政法大学出版社 2012 年版。

［27］［美］丹尼尔·F. 史普博：《管制与市场》，余晖译，上海人民出版社 1999 年版。

［28］［美］范斯沃思：《美国合同法》，葛云松、丁春艳译，中国政法大学出版社 2006 年版。

［29］［美］G·爱德华·怀特：《美国侵权行为法：一部知识史》，王晓明、李宇译，北京大学出版社 2014 年版。

［30］［美］盖多卡·拉布雷西：《事故的成本：法律与经济的分析》，毕竞悦、陈敏、宋小维译，北京大学出版社 2008 年版。

［31］［美］杰克·H. 弗兰德泰尔、玛丽·凯·凯恩、阿瑟·R. 米勒：《民事诉讼法》，夏登峻、黄娟、唐前宏、王衡译，中国政法大学出版社 2003 年版。

［32］［美］凯斯·R. 桑斯坦：《权利革命之后：重塑规制国》，钟瑞华译，中国人民大学出版社 2008 年版。

［33］［美］凯斯·R. 桑斯坦：《行为法律经济学》，涂永前、成凡、康娜译，北京大学出版社 2006 年版。

［34］［美］康斯坦斯·M. 卢瑟亚特：《财产与责任保险原理》，英勇、于小东总译校，北京大学出版社 2003 年版。

［35］［美］科斯等：《契约经济学》，李风圣主译，经济科学出版社 1999 年版。

［36］［美］肯尼斯·S. 亚伯拉罕：《美国保险法原理与实务》，韩长印等译，中国政

法大学出版社 2012 年版。

[37] [美] 肯尼斯·S. 亚伯拉罕：《责任的世纪：美国保险法和侵权法的协同》，武亦文、赵亚宁译，中国社会科学出版社 2019 年版。

[38] [美] 肯尼斯·S. 亚伯拉罕、阿尔伯特·C. 泰特：《侵权法重述——纲要》，许传玺等译，法律出版社 2006 年版。

[39] [美] 罗伯特·考特、托马斯·尤伦：《法和经济学》，张军等译，上海人民出版社 1994 年版。

[40] [美] 曼昆：《经济学原理：微观经济学分册》，梁小民、梁砾译，北京大学出版社 2015 年版。

[41] [美] 乔治·E. 瑞达：《风险管理与保险原理》，刘春江、王欢译，中国人民大学出版社 2010 年版。

[42] [美] 乔治斯·翁迪、斯科特·E. 哈林顿：《保险经济学》，王国军、马兰、崔凤骥、王崇等译，中国人民大学出版社 2005 年版。

[43] [美] 斯蒂文·沙维尔：《法律经济分析的基础理论》，赵海怡、史册、宁静波译，中国人民大学出版社 2013 年版。

[44] [美] 斯蒂文·萨维尔：《事故法的经济分析》，翟继光译，北京大学出版社 2004 年版。

[45] [美] 文森特·R. 约翰逊：《美国侵权法》，赵秀文等译，中国人民大学出版社 2004 年版。

[46] [美] 小肯尼思·布莱克等：《财产和责任保险》，陈欣等译，中国人民大学出版社 2002 年版。

[47] [美] 小罗伯特·H. 杰瑞、道格拉斯·R. 里士满：《美国保险法精解》，李之彦译，北京大学出版社 2009 年版。

[48] [美] 约翰·F. 道宾：《美国保险法》，梁鹏译，法律出版社 2008 年版。

[49] [美] 詹姆斯·S. 特里斯曼等：《风险管理与保险》，裴平主译，高等教育出版社 2005 年版。

[50] [挪威] 卡尔·H. 博尔奇：《保险经济学》，庹国柱等译，商务印书馆 1999 年版。

[51] [日] 高桥宏志：《民事诉讼法制度与理论的深层分析》，林剑锋译，法律出版社 2003 年版。

[52] [日] 吉村良一：《日本侵权行为法》，张挺译，中国人民大学出版社 2013 年版。

[53] ［日］加藤雅信等编：《民法学说百年史：日本民法施行 100 年纪念》，牟宪魁等译，商务印书馆 2017 年版。

[54] ［日］松波仁一郎：《日本商法论》，秦瑞玠、郑钊译，中国政法大学出版社 2005 年版。

[55] ［日］田山辉明：《日本侵权行为法》，顾祝轩、丁相顺译，北京大学出版社 2011 年版。

[56] ［日］我妻荣：《我妻荣民法讲义Ⅳ：新订债权总论》，王燚译，中国法制出版社 2008 年版。

[57] ［日］於保不二雄：《日本民法债权总论》，壮胜荣译校，五南图书出版公司 1998 年版。

[58] ［日］植草益：《微观规制经济学》，朱绍文译，中国发展出版社 1992 年版。

[59] ［日］植木哲：《医疗法律学》，冷罗生等译，法律出版社 2006 年版。

[60] ［日］中村英郎：《新民事诉讼法讲义》，陈刚、林剑锋、郭美松译，法律出版社 2001 年版。

[61] ［瑞］海因茨·雷伊：《瑞士侵权责任法》，贺栩栩译，中国政法大学出版社 2015 年版。

[62] ［意］罗道尔夫·萨科：《比较法导论》，费安玲等译，商务印书馆 2014 年版。

[63] ［意］尼古拉·阿克塞拉：《经济政策原理：价值与技术》，郭庆旺、刘茜译，中国人民大学出版社 2001 年版。

[64] ［英］阿瑟·塞西尔·庇古：《福利经济学》，朱泱、张胜纪、吴良健译，商务印书馆 2020 年版。

[65] ［英］安东尼·奥格斯：《规制：法律形式与经济学理论》，骆梅英译，中国人民大学出版社 2008 年版。

[66] ［英］科林·史密斯：《责任保险》，陈彩芬译，中国金融出版社 1991 年版。

[67] ［英］克拉克：《保险合同法》，何美欢、吴志攀译，北京大学出版社 2002 年版。

[68] ［英］马克·韦尔德：《环境损害的民事责任——欧洲和美国法律与政策比较》，张一心、吴婧译，商务印书馆 2017 年版。

[69] ［英］马歇尔：《经济学原理》，朱志泰、陈良璧译，商务印书馆 1964 年版。

[70] ［英］史密斯：《责任保险》，陈彩芬译，中国金融出版社 1991 年版。

[71] ［英］约翰·伯茨：《现代保险法》，陈丽洁译，河南人民出版社 1987 年版。

[72] ［英］约翰·弗莱明：《美国侵权程序法》，陈铭宇、唐超译，北京大学出版社

2020 年版。

[73]［英］约翰·T. 斯蒂尔：《保险的原则与实务》，孟兴国等译，中国金融出版社
1992 年版。

四、英文论文及著作

[1] A. M. Honore, *Cause and Remoteness of Damages*, International Encyclopedia of Comparative Law, Ch. 7, 1983.

[2] Banks McDowell, *Foreseeability in Contract and Tort：The Problems of Responsibility and Remoteness*, 36 Case W. Res. , 286, 291. 1985/1986.

[3] B. S. Markesinis & S. F. Deakin, *Tort Law*, Clrendon Press, Oxford, 4th. ed. , 1999.

[4] Carl FCranor, *Toxic Torts：Science, Law and the Possibility of Justice*, Cambridge University, 2007.

[5] CJ Miller & RS Goldberg, *Product Liability*, Oxford University, 2d. ed. , 2004.

[6] Dan B. Dobbs, *The Law of Torts*, West Group, 2000.

[7] David G. Owen, "Special Defenses in Modern Products Liability Law", *Missouri Law Review*, 2005（70）.

[8] David G. Owen, John E. Montgomery, Mary J. Davis, *Product Liability Law*, Foundation Press, 2010.

[9] George L. Priest, "The Current Insurance Crisis and Modem Tort Law", *Yale Law Journal*, 1987（96）.

[10] HarveyTeff, "Products Liability in the Pharmaceutical Industry at Common Law", *McGill Law Journal*, 1974（1）.

[11] HarveyTeff, "Regulation Under the Medicines Act 1968：A Continuing Prescription for Health", *Modern Law Review*, 1984（3）.

[12] HarveyTeff & Cohn Munro, *Thalidomide：The Legal Aftermath*, Farnborough, Hants, England：Saxon House, 1976.

[13] Henning Sjbstrbm & Robert Nilsson, *Thalidomide and the Power of the Drug Companies*, Harmondsworth：Penguin, 1972.

[14] Holmes, "The Theory of Torts", *American Law Review*, 1873（7）.

[15] Jan H. Holsboer, "Insurability and Uninsurability：An Introduction", *The Geneva Papers on Risk and Insurance*, 1995（20）.

［16］ JanHellner, "Damages for Personal Injury and the Victim's Private Insurance", *The American Journal of Comparative Law*, 1970（1）.

［17］ JanHellner, "Compensation for Personal Injuries in Sweden", *Scandinavian studies in law*, 2011（4）.

［18］ Jane Stapleton, "Factual Causation, Mesothelioma and Statistical Validity", *Law Quarterly Review*, 2012（128）.

［19］ John C. P. Goldberg, Benjamin C. Zipursky, "The Restatement（Third）and the Place of Duty in Negligence Law", *Vanderbilt Law Review*, 2001（54）.

［20］ John G. Fleming, "Drug Injury Compensation Plans", *University of New Brunswick Law Journal*, 1983（32）.

［21］ Joseph Sanders, *Bendectin on Trial: A Study of Mass Tort Litigation*, University of Michigan Press, 1998.

［22］ J P. VanNiekerk, "Liability insurance: successive but overlapping 'claims-made' policies and a question of quantum", *South African Mercantile Law Journal*, 2006（3）.

［23］ Katherine A. Davis, "An International Drug Administration: Curing Uncertainty in Inter national Pharmaceutical Product Liability", *Northwestern Journal of International Land Business*, 1998（18）.

［24］ Kenneth S. Abraham, "Making Scene of the Liability Insurance Crisis", *Ohio State Law Journal*, 1987（48）.

［25］ Kenneth S. Abraham, "The Long-tail Liability Revolution: Creating the New World of Tort and Insurance Law", *University of Pennsylvania Journal of Law & Public Affairs*, 2021（6）.

［26］ Kenneth S. Abraham, "The Maze of Mega-Coverage Litigation", *Columbia Law Review*, 1997（97）.

［27］ Kyle D. Logue, "Toward a Tax-Based Explanation of the Liability Insurance Crisis", *Virginia Law Review*, 1996（82）.

［28］ Lainie Rutkow, Brad Maggy, Joanna Zablotsky, Thomas R. Oliver, "Balancing Consumer And Industry Interests In Public Health: The National Vaccine Injury Compensation Program And Its Influence During The Last Two Decades", *Penn State Law Review*, 2007（111）.

［29］ Lisa J. Steel, "National Childhood Vaccine Injury compensation Program: Is This The

Best We Can Do For Our Children?" *The George Washington Law Review*, 1994 (63).

[30] LouisKaplow, "Rules versus Standards: An Economic Analysis", *Duke Law Journal*, 1992 (42).

[31] Marc A. Franklin, "Tort Liability for Hepatitis: An Analysis and a Proposal", *Stanford Law Review*, 1972 (24).

[32] MarcGalanter, "Real World Torts: An Antidote to Anecdote", *Maryland Law Review*, 1996 (55).

[33] Mark Mildred, Representing the Plaintiff´ in Geraint G Howells, ed, *Product Liability, Insurance and the Pharmaceutical Industry: An Anglo - American Comparison*, Manchester University, 1991.

[34] Melvin Aron Eisenberg, *The Nature of the Common Law*, Harvard University, 1988.

[35] Melvin Aron Eisenberg, "Third - Party Beneficiaries", *Columbia Law Review*, 1992 (92).

[36] Michael D Green, *Bendectin and Birth Defects: The Challenges of Mass Toxic Substances Litigation*, University of Pennsylvania Press, 1996.

[37] Michael D Green, D Michal Freedman & Leon Gordis, *Reference Guide on Epidemiology in Reference Manual on Scientific Evidence*, National Academies, 3d. ed. , 2011.

[38] Michael D. Green, "The Paradox of Statutes of Limitations in Toxic Substances Litigation", *California Law Review*, 1988 (76).

[39] Michael G. Faure, "The Limits to Insurability from a Law and Economics Perspective" *The Geneva Papers on Risk and Insurance*, 1995 (20).

[40] MFBReinecke et al, *General Principles of Insurance Law*, Lexis Nexis, 2002.

[41] Pamela R Ferguson, *Drug Injuries and the Pursuit of Compensation*, Sweet & Maxwell, 1996.

[42] Peter Cane, *Mens Rea in Tort Law*, in Ngaire Naffine, Posemary owens & John william (eds.), *Intention in Law and Philosophy*, Dartmouth Publishing Co. , 2001.

[43] R. H. Coase, "The Problem of Social Cost", *The Journal of Law & Economics*, 2013 (4).

[44] Richard A. Epstein, "Products Liability as an Insurance Market", *Journal of Legal Studies*, 1985 (14).

[45] Richard A. Merrill, "Compensation for Prescription Drug Injuries", *Virginia Law*

Review, 1973 (1).

[46] Richard Goldberg, "Epidemiological Uncertainty, Causation, and Drug Product Liability", *McGill Law Journal*, 2014 (4).

[47] Richard Goldberg, "Paying for Bad Blood: Strict Product Liability after the Hepatitis Litigation", *Medical Law Review*, 2002 (10).

[48] Robert L. Rabin, *Perspectives on Tort Law*, Little, Brown and Company, 4th. ed. , 1995.

[49] Russellyn S Carruth & Bernard D Goldstein, "Relative Risk Greater Than Two in Proof of Causation in Toxic Tort Litigation", *Jurimetrics Journal*, 2001 (2).

[50] Steve Gold, "Causation in Toxic Torts: Burdens of Proof, Standards of Persuasion, and Statistical Evidence", *Yale Law Journal*, 1986 (96).

[51] Symposium, "Perspectives on the Insurance Crisis", *Yale Journal on Regulation*, 1988 (5).

[52] The American Law Institute, *Restatement (Second) of Torts*, Comment a, 1965.

[53] The American Law Institute, *Restatement (Third) of Torts: Liability for Physical and Emotional Harm*, Willian S. Hein & Company, Buffalo, New York, 2007.

[54] The American Law Institute, *Restatement of the Law (Third) Torts: Products Liability (softcover edition)*, American Law Institute Publishers, 1998.

[55] Tom Baker, "Insuring Liability Risks", *Geneva Papers*, 2004 (29).

[56] W. V. H. Rogers, *Winfield & JoLowicz on Tort* (16 ed.), Sweet & Maxwell, London, 2002.

[57] Wenette Jacobs, "The Third-Party Plaintiff's Exceptional Direct Claim against the Insured Defendant's Liability Insurer: Some Lessons to be Learnt from the Third Parties (Rights Against Insurers) Act 2010 in English Law?", *South African Mercantile Law Journal*, 2010 (4).

[58] William L. Prosser, *Handbook of the Law of Torts* (4th ed.), West Publishing Co. , 1971.

后　记

————— //// —————

　　本书的完成得益于恩师和家人的支持。感谢我的博士导师樊启荣教授，樊老师不仅是授业之恩师，更是指引人生道路的长辈。从 2018 年到 2023 年，在本书的写作过程中，老师每次一针见血的批评总能给我以深刻的启发，也坚定了我继续写作的信心。老师耐心地指导和帮助见证了我和本书的共同成长。感谢刘大洪教授、黎江虹教授、徐智华教授对本书提出的诸多优化结构及论证的建议，既为本书的不断改进和完善指引了方向，也帮助我提升了研究的方法和能力。感谢我的硕士导师万建华副教授，万老师如师如父如忘年挚友，予我教诲，予我关怀，予我最宝贵的人生经验。感谢我的母校中南财经政法大学，在这里我得以与法学深交。感谢武汉工程大学法商学院金明浩院长，代江龙副教授给予本人的大力支持。

　　感谢我的家人。首先要感谢父母的关心和帮助。其次，感谢我可爱的女儿，相比写作，这几年最大的收获是我可爱的女儿。从你 2019 年 8 月降生开始，爸爸和妈妈就进入了最"黑暗"和"痛苦"的日子，泡奶粉、洗奶瓶、换尿不湿、各种清洗工作，还有晚上每隔两个小时的哭声，都让本就充满压力的生活愈加崩溃，读文献与学育儿更替，键盘声与锅铲声交织。直到你一岁半后，牙齿长得差不多了，也逐渐摆脱了尿不湿，爸爸才有精力在照顾你之余，继续本书的写作。不过付出终究会有回报，你越长越大，自理能力越来越强，也越来越懂得向我们反馈你的爱。熬过痛苦，迎来的就是快乐，感谢我的小宝贝，你每天表演唱歌跳舞，抱着爸爸妈妈亲吻，都给我们最大的快乐！最后，最最应该感谢的是我人生和灵魂的伴侣陈明芳女士。相识是意外，相知是必然，迥然不同的个性成就了我们无需言语的默契，从你那里，我才知道原来平和稳定的内心可以拥有这么强大的力量，支持自我也治愈身边的人。我们的婚姻已经进入第9个年头，再来90年，我也不嫌长。

张祖阳

2024 年 1 月 12 日于南湖